Morir de glamour

Boris Izaguirre

Morir de glamour

ESPASA

Carretera de Irún, km 12,200. 28049 Madrid

Diseño de la cubierta: adaptación de la idea original de Juan Pablo Rada
Ilustración de la cubierta: César Saldívar
Fotografías del interior: Europa Press, Efe, Archivo de Terenci Moix y Archivo de Espasa Calpe
Primera edición en Colección Booket: mayo de 2002

Depósito legal: B. 14.907-2002
ISBN: 84-670-0097-X
Impreso en: Liberdúplex, S. L.
Encuadernado por: Liberdúplex, S. L.
Printed in Spain - Impreso en España

Biografía

Boris Izaguirre (Caracas, 1965), venezolano de origen, afincado en España y con una marcada vocación cosmopolita, se ha hecho famoso en nuestro país gracias a sus intervenciones televisivas. Polemista e ingenioso, Izaguirre ha aprovechado la tribuna que le ofrecen los medios de comunicación para promocionar su particular visión del mundo; una óptica que mezcla a partes iguales rigor, creatividad y sentido del humor. Ha publicado dos novelas, *El vuelo de los avestruces* (1991) y *Azul petróleo* (Espasa, 1998), es autor de los culebrones *Rubí*, *Señora* y *La dama de rosa*, entre otros, y ha pertenecido al equipo de guionistas de *El súper* y de *Inocente, inocente*.

Su última y esperada obra publicada ha sido *Verdades alteradas*. Colabora habitualmente en *Crónicas marcianas*, de Javier Sardá.

A Terenci, Terry o Teren,
que bajo cualquier nombre
es siempre el rey del glam.

ÍNDICE GENERAL

CAPÍTULO I

EL BATIR DE PESTAÑAS

Nadie sabe lo que es el *glamour*. En una cita del libro *De cómo los irlandeses salvaron la civilización*, de Thomas Cahill, se dice: «La palabra *gramática*, el primer paso en el curso de los estudios clásicos que moldearon a todos los hombres instruidos desde Platón a Agustín, pasará a pronunciarla una tribu bárbara como *glamour*». Una tribu bárbara es la inventora de la palabra, a la vez degenerada del *gramar* latino. Prosigue el libro de Cahill: «El que tiene gramática (el que sabe leer) posee una magia inexplicable». De aquí deduzco que el *glamour* es algo tan flexible y caprichoso como la propia lengua. Va cambiando con los tiempos o, mejor dicho, con las necesidades que impone la supervivencia; algo que supera el mero hecho de existir. Personalmente siento que la palabra, en algunos momentos, se ha convertido en un comodín que legitima a las clases altas para continuar su perenne burla de las inferiores. Cuando se acusa a alguien de carecer de *glamour*, generalmente se le señala como pobre o tonto. Nunca he sido partidario del insulto y en este caso, además, me irrita el excesivo uso que se está haciendo del término en cuestión. Al mismo tiempo, me permito afirmar que nos hallamos ante un vocablo que se crece en ideologías conservadoras o bajo líderes derechistas, mucho más que en sus contrarios. En un gobierno conservador, por ejemplo, el *glamour* es algo sine qua non, mientras que en uno de izquierdas se transforma en un concepto de transgresión. Maldita, pues, esta palabra que tantas caras, mentiras y verdades se empeña en esconder y mostrar con tan sólo un batir de pestañas.

Hay algunos que prefieren reivindicar el *glamour* como ese algo perdido que sólo sus madres supieron manifestar y llevarse consigo una vez muertas. La madre de Proust o la madre de Visconti, sin ir más lejos, fueron pruebas vivientes de este sortilegio. Señoras permanentemente recreadas en el espectro de lo maravilloso y de lo sublime. El artificio solemne. Maravilloso, sublime y solemne serán, por cierto, palabras que se repetirán una y otra vez en estas páginas como vínculos, sinónimos y paradigmas del *glamour*. Pero volvamos a las madres. La de Truman Capote, por ejemplo, alcohólica y en permanente búsqueda del ascenso social, renegando de su propio hijo para conseguirlo. O la también arribista y nerviosa madre de Jacqueline Bouvier, luego Kennedy y Onassis, que soportó estoica el alcoholismo del señor Bouvier y prefirió no ver las inclinaciones pornográficas de su segundo marido: el que le proporcionara la validez social que tanto le interesaba. Estas madres desempeñaron un papel importante en la consecución de esa pátina, de esa esencia sin olor, de ese halo invisible, extraño, casi tangible que convirtió a sus vástagos en grandes paladines de la historia del *glamour*.

Pero antes de Jackie, Truman y compañía, hay que detenerse en Wallis Warfield Simpson (1896-1986), la eterna Duquesa de Windsor aunque sin rango de tratamiento real; es decir, se le podía dar la mano, pero era absolutamente cateto que se le hiciera reverencia: su cuñada, la Reina Madre, aún viva y centenaria, consiguió que el encumbramiento al título de *Royal Highness* (alteza real, para entendernos) le fuera vedado per sécula seculórum. Wallis nació pobre, pero entre familiares ricos (con medios, como diríamos ahora) que se jactaban de enviarle cada verano a la necesitada parienta de Baltimore las prendas que otros miembros de la familia habían dejado de vestir. ¡Pobre Wallis, toda una infancia con los trajes de sus primas, remendados para ajustarse a sus imposibles medidas de mujer alta, huesuda y no del todo bella! El *glamour* vino a ayudarla y la convirtió en la mujer más importante de toda una generación: hizo temblar a la monarquía inglesa con sus modales de americana moderna y trasplantada. Cuenta Diana Vreeland en su libro *D.V.* que fueron sus almuerzos los que asentaron la popularidad de Wallis en Londres, tras su segundo matrimonio con el banquero americano Ernesto Simpson. Los ingleses nunca habían visto comidas tan surtidas, variadas y divertidas. Hoy parece un triunfo fácil ofrecer manjares a quienes sobrellevan la loza de ser los peor alimentados del mundo, pero uno de los grandes secretos del *glamour* es precisamente conseguir lo imposible por medio de lo más sencillo.

Wallis Simpson es el mejor ejemplo para entender lo fatuo y al mismo tiempo lo aguerrido en el mundo del *glamour.* Cuando abandonó Baltimore, gracias a un primer matrimonio con un *marine* borracho y violento, nadie podría imaginar que diez años después estaría a punto de ser reina de Inglaterra. Primero se divorció del pendenciero borracho y, según su leyenda, se perdió en China y Hong Kong aprendiendo todo tipo de divertimentos sexuales. Luego, tras el regreso de su exótico viaje, se casó con el suave y desde entonces cornudo banquero Ernesto Simpson. Posteriormente y junto a su esposo se trasladaría a Londres, y allí entendió, de un golpe de pestañas, que todo en la vida es escalar hasta donde quieras llegar. Como no era lo suficientemente guapa para ser deseada (se afirmaba entonces que en realidad parecía un pescador de cangrejos de las playas de Maryland), decidió convertirse en la más admirada. Cuando Eduardo, Príncipe de Gales, el novio de toda una generación, se fijó en ella a principio de los años treinta, gracias a uno de sus almuerzos (por cierto, a base de tartitas de cangrejo de Maryland), el cambio había iniciado su desafiante camino. De desconocida total pasaría a ser el centro de la sociedad londinense, y de ese centro, el objeto de persecución y escarnio por parte de la opinión pública, que veía en ella la amenaza de perder para siempre a su príncipe dorado. De hecho, para poder unirse en matrimonio con ella —americana, divorciada y carente de título nobiliario alguno—, Eduardo tuvo que renunciar a la Corona. Y mientras el Príncipe abdicaba a través de la radio el 11 de diciembre de 1936, el mundo entero se entregaba a la primera historia de amor desplegada por los medios de comunicación. Se casaron en una ceremonia íntima en Cannes y fue allí, con Wallis vestida por Mainbocher (otro americano con falso nombre francés), donde la historia del *glamour* internacional vio su primer *flash.* A lo largo de varias décadas, la pareja se convirtió en el símbolo de lo chic y lo cosmopolita. La *jet set.* El artificio y el vacío. Acudían a fiestas previo pago de una tarifa siempre elevada. Sonreían, saludaban, bebían mucho, bailaban el ritmo de moda (tango, vals, mambo, *twist,* que fue el preferido de la duquesa) y volvían, a las lujosas habitaciones de sus lujosos hoteles, pedos, desorientados, pero, eso sí, siempre perfectamente vestidos. Una gran decoradora de la época, Elsie Mendl, dijo de la duquesa: «Siendo una persona que jamás ha leído un libro, hay que reconocer que tiene un don innato para colocar en perfecta armonía muebles, objetos de arte y personas.»

El *glamour* es así. Fatuo. Pero cargado de contradicciones. Por eso mantiene su perenne atractivo. En los años setenta un par de mujeres cambiaron el panorama del *glamour* internacional. La primera, Santa Jackie, merecerá un capítulo aparte. La segunda, Bianca Jagger, reorientará las claves del *glamour* al casarse con la superleyenda Mick Jagger. El pop y el *glamour* hacen una pareja perfecta y de eso hablaremos también más tarde. Bianca era en realidad Blanca Pérez Macías, hija de un diplomático nicaragüense al que, por cierto, nunca hemos visto en ninguna foto. Bella, exótica, pequeña de estatura y ferozmente decidida a cambiar su destino de mujer centroamericana abocada a casarse con algún abogado rechoncho y moreno, Blanca supo transformarse en Bianca también con un decidido golpe de pestañas. En el mundo del *glamour* un solo nombre puede concentrar toda la energía del universo, y Bianca, Wallis, Jackie o Diana son nombres que se recuerdan fácilmente y que se convierten en mantras. Bianca comprendió todo esto y se lanzó a la conquista del mundo. Primero vino Michael Caine, sí, el actor inglés, que fue su valedor en Londres. Y posteriormente, cuando Mick se fijó en ella, los dos descubrieron que eran el retrato calcado de sí mismos. El narcisismo es esencial para que el *glamour* deslumbre y enceguezca. Y la boda de ambos en Saint Tropez en 1971 fue precisamente un cúmulo de *flashes*. Bianca se casó con un sombrero de ala ancha, flores en el centro de esa pamela, una sonrisa fantástica, unos pómulos desafiantes y un escotado traje largo de blanco radiante. Mick era Mick Jagger: pelo largo, chaqueta de grandes solapas y sexo por todas partes. Y la vida de la pareja fue precisamente eso. Si Wallis y el Príncipe sin reino fueron trajes de sastre, alcohol, perritos y nada de erotismo; Bianca y Mick eran poca ropa, mucho sexo, drogas a tutiplén y fiestas, fiestas, fiestas. La vida es una fiesta y el mundo una tendencia. Ésta es una de las grandes leyes del *glamour*, gracias sin duda a la pareja.

A medida que la década de los setenta se hundía en la recesión provocada por los precios del petróleo y la escalada inflacionista, más necesaria era la imagen de Bianca divirtiéndose por el mundo, o sencillamente en la capital del mundo, Manhattan. El clan de Studio 54, tan envidiado, estudiado y mitificado hoy día, inició sus andanzas, según Bob Colacello, uno de sus mejores cronistas, el día en que Bianca Jagger apareció en una discoteca al aire libre en Long Island. Rodeada de *gays* mitómanos y con Andy Warhol ya convertido en su Pigmalión, Bianca conoció a Steve Rubell e Ian Schrager —uno loquísima y superambicioso y el otro ambicioso únicamente— que pretendían transformar el concepto de diversión nocturna desde esa discoteca al aire libre, con sus muebles jardín propios de señora americana con ínfulas de inglesa. En tan sólo unos años la propia Bianca haría su entrada triunfal en Studio 54, el paraíso sensorial de la pareja Rubell-Schrager, completamente desnuda sobre un caballo blanco, para celebrar su treinta cumpleaños. El *mix* de fantasía, vulgaridad, sexo, descontrol y privilegio de esa irrepetible entrada transformaría para siempre las siempre flexibles reglas del *glamour.*

A partir de entonces el *glamour* es precisamente mezcla. Quita. Pon. Vuelve a quitar. Vuelve a poner. No te quedes con nada. Quédate con todo. Disfruta. Sufre. Agoniza en tu resaca o triunfa en tu salud. El concepto es dejarse acumular de conceptos. Y, nunca, nunca perder el sentido de lo divertido, de ese simple batir de pestañas que puede cambiar un entorno y, al mismo tiempo, un siglo entero.

Capítulo II

Algunas preguntas y algunas respuestas

Prefiero el disparate antes que el orden, compréndame, y eso por ahora nos permitirá sentar las bases de esta disertación. Ana Botella y sus pañuelos pertenecen al orden, ese orden de la España sana, próspera, tolerante, cuasi perfecta en la que nos encontramos inmersos. Es una pena que, a su pesar, *miss* Botella no haya conseguido incrementar la natalidad entre los españoles. Es algo que me produce una cruel gracia: el segundo país mas católico del mundo tiene problemas para reproducirse. Sé que encontrarán una solución, y hasta yo mismo terminaré siendo padre de familia numerosa. Pero por ahora esa contradicción está ahí, como diría Mar Flores sobre las fotos robadas de cualquiera de sus idilios.

España es toda ella un estilo. A la hora de comer, a la hora de saludarse, incluso a la hora de entender al resto del mundo. Sí, porque durante dos mil años hemos estado aquí descubriendo algún que otro continente pero sin movernos mucho de nuestro ombligo. Ya vendrán ellos a nosotros —como en efecto ha sido— y terminarán por aprender no sólo nuestras costumbres, sino los nombres de nuestros afectos y nuestros odios.

Como español de origen venezolano, siempre pongo una queja al estilo español, y es que no acostumbran a presentarse. Eso que los americanos han convertido en cotidiana tarea —el *introducing*—, en España es casi tabú. «Cuando quieras conocer españoles en una fiesta, acércate y ponte a hablar con uno. Acabarás charlando con todo el grupo, pero jamás sabrás con quién iniciaste la conversación», me explicaba en Buenos Aires un amigo español. «Damos por hecho que conoces a uno de ellos y no nos importa no saber tu nombre o lo que haces.» Sí, suena divertidísimo y superdiferente, pero no es del todo cierto. En nuestra sociedad es muy difícil que alguien no quiera saber lo que haces, y más en la «España va bien» de Aznar. Afirmo que entre los madrileños, catalanes y malagueños que conozco existe un código secreto para saber quién eres y lo que vales sólo observándote el reloj. No creo que exista otra cultura donde se observen más los relojes que en la nuestra. Y la otra forma de conocerte, aun sin preguntar tu nombre, es saber dónde vives y, sobre todo, si vives alquilado o en propiedad. Es una de las cosas que más me ha asombrado de España: la cantidad de veces que la gente te pregunta si pagas o no alquiler. Es el país de la propiedad horizontal. Todo el mundo se siente obligado a ser propietario, cuando el mundo del inquilino es infinitamente más chic, precisamente porque no tienes responsabilidades más graves que la de mantener tu casa bien, pagar y seguir tu vida con una carga menos.

—¿Cómo puedes decir eso? No sabes la tranquilidad que te da tener algo tuyo.

—No, amigo —escuché decir en una cena reciente—. No hay nada más clase media que la propiedad.

Puede que no esté de acuerdo, pero insisto en que mi sorpresa radica en la frecuencia con que en España se formulan ese tipo de cuestiones. A la de alquiler o en propiedad también hay que añadir aquella que se le hace a un invitado que viene desde otra ciudad a pasar una temporada en la capital:

—¿En qué has venido?

—No entiendo la pregunta.

—Si has venido en avión o en tren. O en coche.

—Pues en coche, con unos amigos.

Este tipo de preguntas se hacen con el deseo de saber si la persona puede costearse un billete de avión. Es lo más esnob que me ha tocado oír en mi vida. ¿Qué más da cómo se traslade la persona? Lo importante es que se traslade, que esté allí, dispuesta a pasar un buen rato. Es como esa otra pregunta, hiperdesagradable, que generalmente sucede por teléfono cuando haces una invitación a cenar o para una fiesta en tu casa, sin otro motivo aparente que la celebración de haberla redecorado.

—Me encantaría que vinieras —es lo que generalmente se dice tras formular la invitación. Se produce ese silencio, como si el interlocutor se desperezara en la cama. Y entonces viene la hecatombe:

—¿Quiénes irán?

O su vertiente más jodida:

—¿A quién has invitado?

ODIO ese momento. Siempre me dan ganas de decir que vendrán la portera, el cartero, la tendera del supermercado municipal donde he comprado la carne, unas cajeras de El Corte Inglés... También pueden ser mis amigas, también debería hacer una fiesta especial para ellas. Odio la pregunta porque no tiene sentido. Si llamo para invitar es porque creo que tengo algo agradable que ofrecer en compañía de un grupo de amigos tan agradables como ese algo que ofrezco. A veces se excusan diciendo que no quieren encontrarse con alguien en particular, pero eso es uno de los ingredientes esenciales de las fiestas: los que no quieran verse han de darse cuenta de que viven en un círculo pequeño y que en la esquina más inesperada de ese círculo van a encontrarse.

Desde luego, existe una técnica muy elegante para solucionar este problema: advertir quién vendrá antes de terminar de formular la invitación. Se dice:

—Me encantaría que vinieras, el sábado por la noche, porque estarán Isabel, Elena, Victoria y Esperanza. Y sé que te llevas muy bien con Esperanza.

—Hombre, y con Elena y Victoria, mejor. ¿Estás seguro de que vendrá Isabel?

Es mucho más educado y sano, sin duda. Pero también tiene ese algo de *merchandising* que no me gusta asociar a las fiestas. Vender a tus invitados para darle una explicación a la fiesta es algo horrible. Una fiesta es motivo por sí sola. Un fin en sí misma. Todo lo demás, desde la comida, la bebida y los invitados, son ingredientes.

Los españoles son como los americanos: preguntan todo. ¿Cuánto pagas de alquiler por este piso, si no te molesta? Pues claro que me molesta. Me molesta que se agregue esta pregunta como coletilla, como lugar común, cuando es lógico y factible que me irrite revelar la cifra de mi alquiler. Y sin embargo la pregunta molesta menos cuando se hace en torno a la comida.

—Es un *catering* magnífico de una amiga mía que está empezando.

Puede que no moleste, aunque también se circunscribe a ese universo *merchandising* de las fiestas que me horroriza. Si la comida es propia siempre se sabrá. No olvidemos que fue el truco de Wallis Simpson para conquistar Londres. En mi caso personal, cuando empecé a recibir en Madrid, ofrecía pastel de polvorosa, un plato complicado a morir, que al parecer era el favorito de Simón Bolívar durante su infancia caraqueña. ¡Son horas de trabajo! ¡Días! Primero el guiso y, previo a ello, la compra de los ingredientes en El Corte Inglés, que ha de hacerse con la receta en la mano y descubriendo que en términos de lógica este establecimiento comercial es un poco como el propio país: tendrás lo que quieras, pero lo tendrás a mi manera.

Detengámonos brevemente en El Corte Inglés y en su topografía comercial. Las frutas y vegetales siempre están a primera vista, demostrando que España, y Europa en general, es un país eminentemente agrícola. Pero las conservas, por ejemplo, tan absolutamente españolas, son un complejo entramado de calles, estantes y metros de distancia entre las de carne y las de pescado; y éstas, a su vez, doblemente caprichosas cuando se trata de moluscos, mariscos o simples sardinas. La cocina criolla venezolana es muy dada a las alcaparras y las olivas. Insólitamente, en la cartografía de El Corte Inglés, las olivas están en un sector y las alcaparras en otro, siempre oscuro y solitario, para el cual debes solicitar la ayuda del experto encargado. Es una odisea, desde luego, hacer la compra, pero le confieso que no me molesta, precisamente porque es otro ejercicio de estilo español entender los laberintos de El Corte Inglés.

Retomando: llegas a casa y empiezas a hacer ese guiso que de tan criollo es complicadísimo, como todo el tema de la relación de España con sus colonias. Está todo tan mezclado, hemos sido ambos tan democráticos en nuestra convivencia de medio milenio, que es un desorden final. Y una risa. En realidad, soy poco amigo de las comidas étnicas, precisamente porque las encuentro confusas y difíciles y siempre entregadas al baño irreconocible del guiso. Uno se come una salchicha y sabe lo que es, a pesar de ser algo étnico también. Pero descubres la hallaca venezolana, el tamal mexicano o la fabada asturiana y no entiendes cómo fueron a parar allí tantos ingredientes. Por eso estoy de acuerdo en que se coman una vez al año, y en sus sitios de origen. Siempre les advierto a mis amigos venezolanos que no coman hallacas fuera de nuestro país, porque trae mala suerte.

—Anda ya, Boris —me dicen.

—Sólo puedo aseguraros que el único año en que lo hice, el 93, me quedé sin empleo dos veces, casi pierdo a mi novio y empecé a engordar sin explicación alguna. Y no paró de llover en Santiago de Compostela, donde entonces vivía.

En Santiago siempre llueve, me dicen los incrédulos. Será tema de otro capítulo. Pero continuemos. Estoy en contra de las reglas del protocolo que tan de moda se han puesto en nuestro país desde que apareció el pañuelo de Ana Botella; ese estandarte seudorrenacentista de inspiración Cruzada, que llevan un ejército de mujeres con estampado siempre en colores amarillo y azul marino. Ellas han creado ese estilo donde el saber estar es condición sine qua non. Yo, sencillamente, no sé estar. Estoy, por definición, donde me apetece estar y donde menos pueda molestar. Sí, porque a pesar de mi transgresión, de mi *laisser-faire,* me horroriza incomodar. Lo encuentro lo peor del mundo, de una antipatía supina.

Entonces no sé realmente cómo ha de levantarse un tenedor. Imagino que sin ánimo de herir a nadie a tu alrededor. Asumo que uno no debe aferrarse a él, porque no creo que haya que aferrarse sino a las cosas que provoquen placer, y entienda usted lo que quiera entender. Pero un tenedor, a menos que recordemos a la marquesa de *Las amistades peligrosas* o los sueños dalinianos de Gregory Peck en *Recuerda,* es un instrumento que, aparte de ayudarnos a comer, puede tener un claro interés decorativo, pero nada más. Cuando era niño, en Caracas, me encantaba ver las cuberterías expuestas en las tiendas del ramo, dentro de sus estuches. Hoy por hoy no sé qué me gusta más, si el estuche o los cubiertos. Sea como sea, ese aspecto de personas inanimadas y al mismo tiempo útiles que desprenden los cubiertos continúa fascinándome.

Me encanta desplegar la servilleta y colocármela con cierta aparatosidad sobre las piernas. De las costumbres de la mesa, es ésta la que más me fascina, porque hace de la servilleta algo todavía con más grandeza, más *glamour,* ¿comprende? No se trata de tomarla y ponerla en el regazo. No. Hay que abrirla, casi extenderla, sentir su almidón, su tela, la calidad de su planchado y dejarla flotar hasta las piernas y, una vez allí, acariciarla de vez en cuando como si fuera un gato.

Creo que aquello de no colocar jamás los codos sobre la mesa ha variado. ¿Quién no los coloca hoy día? Tengo amigas que los ponen muy juntos, dejan caer las manos y sostienen sobre ellas sus mandíbulas durante largo rato. Es un gesto un poco idiota, pero, de tan retorcido y poco natural, lo veo bastante divertido.

Siempre me acuerdo de una de las primeras cenas *r.s.v.p (reserve s'il vous plait)* a las que asistí en Caracas. La cocinera de los anfitriones había acudido a unos cursos prestigiosísimos de comida con un *chef* francés. Esa noche se servía un papillote de pargo, un pescado muy socorrido por lo autóctono y por su color rojo. Yo vi aquello bajo el papel de aluminio y sospeché que se trataba de pollo. Y fiel a mi condición de invitado parlante, exclamé que me encantaba esa forma tan novedosa de preparar el pollo. Mi amiga Titina, que siempre ha estado allí dispuesta a protegerme, levantó su pala de pescado para hacerme ver mi equivocación. Pero yo aún no estaba acostumbrado a las palas de pescado, aunque las hubiera en mi casa, eso sí, en desigual cantidad que los cuchillos de carne, porque en casas como la mía la cubertería siempre está desnivelada. Continué alabando el pollo y Titina enfrentándome con su pala, hasta que el silencio dominó la mesa y la pobre aprendiz de cocinera sofisticada estalló en llanto. Desde ese día observo con detenimiento los cubiertos que tengo en mi puesto. De cualquier modo, lo que sí me parece una pérdida de tiempo es aprendérselos todos. Tienes que dejarle a la vida que te los enseñe. Odio ese tipo de consejos sobre cómo poner una mesa, qué vajilla utilizar, cuántos cubiertos tener. Creo en la improvisación y en el aprender permanentemente. Tienes ocho vasos y catorce invitados. Bueno, habrá un *mix and match* de vasos y tazas o quién sabe qué. Lo importante es que tanto los vasos como las tazas sean divinos. O al menos divertidos. En una reunión todo el mundo está dispuesto a dejarse sorprender, no a sentirse encorsetado. Aunque si alguna vez te encuentras con una mesa divinamente puesta, también tienes que saber disfrutarla y alabarla, no en demasía, porque el exceso de halago es altamente inquietante y pone nervioso. Y en una cena lo único que debe poner nervioso es alguna arista de la conversación, no toda ella, sólo algún que otro comentario.

—Cada día detesto más a Fulanita de Tal. No ha hecho nada en la vida y se pasa el día pontificando de esto y de lo otro.

—Qué casualidad. Es mi prima y la queremos mucho en casa.

Eso, por ejemplo, puede poner nervioso. Pero también menudo hijo de puta es el que se guarda esa información hasta después de que hayas pronunciado tu frase mortal, sabiendo él, perfectamente, que vas a hacerlo. Ese tipo de gente es imposible y si una vez te los cruzas en una fiesta es preferible que les dejes bien claro lo que de verdad piensas de ellos, para no tener que saludarles, más allá de breves y cordiales palabras.

A mí me encantan las vajillas. Es un gusto que he adquirido por mi relación con grandes damas. De ellas también hablaremos: son una permanente escuela de la vida.

Entre otras cosas he descubierto que las grandes señoras están muy orgullosas de sus vajillas. Bueno, y los grandes señores que esconden una dama megaimpresionante en su interior, también. Porque la vajilla, y la variedad de ellas, es equivalente a la ropa, a los perfumes para el verano o para el invierno. La vajilla posee ese algo aparatoso, a veces inútil y a veces esperpéntico, que necesita el *glamour.* Por ello no tengo límite para mi afición por las vajillas. En una época me gustaban las inglesas de imitación, esas que venden en los bazares y que son divinas precisamente por todo lo contrario. Las auténticas son un número y creo firmemente que están más pensadas para usarlas en el trópico, en las colonias, que en las propias ciudades europeas. Porque en el trópico cobran vida esos castillos y esas lagunas y sus dragones. De no saber encajar ni las falsas ni las auténticas, siempre nos quedarán las vajillas y las decoraciones de plástico de los restaurantes chinos. Pero esas, claro, hay que dejarlas en la infinidad de restaurantes chinos que pueblan el mundo, porque en una casa son demasiado *boutade* para que funcionen como ídem. También me gustan todas las italianas con sus frutos, sus azules y amarillos, sus pájaros, sus flores, sus cítricos desplegados en la redonda inmensidad de la porcelana. Si pudiera tendría un escaparate, una vitrina con todas estas vajillas perfectamente mezcladas. Creo que sería un homenaje conceptual a la globalidad que nos domina.

Dije antes que defiendo la variedad, ese universo de vajilla de día, vajilla de fiesta, vajilla de megafiesta y vajilla íntima. Mi vajilla de fiesta sería estilo gran banquete en el palacio de Anastasia, pero también me conformaría con una vajilla como la que Gio Ponti diseñó para la Villa Planchart, en Caracas, su obra arquitectónica más completa, donde cada mueble, cada cubierto, cada vaso y cada plato tienen su sello. Antonio Gala me contó un día que Villa Planchart era como una cárcel para sus ocupantes,

Anala y Armando Planchart. «Si se les rompe un vaso tienen que llamar a Gio Ponti para que lo reponga.» Cuando visité la casa, que la Universidad de Harvard define como una especie de «cátedra in situ» de la obra de este arquitecto, la propia Anala, espléndida a sus ochenta y dos años, me mostró la colección de copas. «Dile a Gala que nunca, nunca se nos ha quebrado una».

Confieso que mi vajilla preferida la descubrí en un vuelo Caracas-Madrid en primera clase de la línea Avensa. Me pasé todo un verano en Caracas alabando a las azafatas de esta línea, que van vestidas como candidatas en el aire del concurso Miss Venezuela, con unas minifaldas cortísimas y unas botas a lo Nancy Sinatra y Jane Birkin, con abrigo y capa si vienen a Europa. Y por ello el uniforme se llama *European Outfit*. Tanto hablé de ellas, que la esposa del dueño de la aerolínea, Ana María Boulton, consiguió que me «ascendieran» a primera. Nunca he viajado mejor: copas de Bacará para el *champagne* y un aperitivo de caviar servido, cómo no, en este bol de cristal tallado, con los hielitos debajo y la montañita de perlitas negras arriba. Lo importante, lo verdaderamente importante, era que este bol reposaba sobre un plato con bordes en azul *royale* (ese azul que demuestra que los franceses están más cerca de la aristocracia que de la revolución). Y en medio del plato, en brillantes letras doradas, las dos mejores palabras del mundo: FIRST CLASS. ¿No es absolutamente increíble? Es la vajilla que me encantaría tener en casa. La colocas en la mesa, pones la servilleta sobre ella y cuando tu invitado se siente encontrará ese mensaje esperanzador, infinitamente positivo, de triunfo, de éxito. *First Class, darling*, nada más y nada menos.

Me gustan también los manteles y lo que se pueda colocar sobre una mesa. Lucía Bosé es la gran maga de este tipo de cultura. Sus manteles de otoño pertenecen a una gama de colores que aunque vivos responden a la melancolía y la celebración interior que ofrece esa estación. Los de verano, sin embargo, son sencillos y cálidos; a veces los hace ella misma o a veces son tan sólo un bien pensado rectángulo de tela que no necesita nada más. Y Lucía pone encima de sus mesas de todo, siempre que no interfiera con la visión de los comensales. Aunque si de vez en cuando prefieres no ver a alguien que obligatoriamente has de sentar a tu mesa, ¿por qué no vas a poner un superarreglo floral que te permita ser una voz detrás de unas ramas?

Una mesa es como una biblioteca o una colección de vídeos. Hablan de ti, de tu individualidad, que es algo muy importante al menos para los miembros de mi generación; de tal manera que puedes poner lo que de verdad seas sobre ella. Miguel Bosé me explicaba que en su reinado de Somosaguas había decidido colocar la mesa prácticamente en la entrada, que fuera lo primero que observara el visitante. «Porque en esa mesa va a encontrar una gran cantidad de información sobre mi persona, sobre mi familia, y sobre mi educación. La manera en que presentas una servilleta, la forma en que está dispuesta la cristalería o la calidad de un mantel lo explican todo sobre la casa y su historia». Pero lo más importante es que uno mismo sea el sirviente de sus invitados. Me decía Miguel: «Servir es como una entrega, el mayor acto de amor. Nunca en la vida ha de importarte servir a alguien. Le estás dando lo mejor de ti, lo más humilde, lo más sincero, lo que mejor conoces».

En mi casa comemos entre los libros que reposan sobre la mesa; una mesa que sirve tanto de mesa de comedor como de mueble importante de la casa. No recomendaría ojearlos cuando estás comiendo, pero si te gustan y son parte del entorno, ¿por qué no vas a tener tus libros cerca mientras haces algo tan querido como alimentarte? Si la comida es información, no creo que exista ningún problema en acompañarla de más información.

Claro, hay que reconocer que este tipo de declaraciones pueden crear situaciones confusas. Por ejemplo, el año pasado en Caracas —ciudad que tanto surgirá en estas páginas— se puso de moda una actividad benéfica que consistía en subastar mesas vestidas por grandes figuras de su sociedad, incluyendo escritores, pintores, actores y hasta el organizador del concurso Miss Venezuela. La idea fue un triunfo social. Todo el mundo quería ver cómo vestía su mesa, es decir, cómo se interpretaba a sí mismo tal o cual personaje a través de su mesa. Y esto en un país donde existe el hambre, aunque no se quiera reconocer, puede ser insultante, pero al mismo tiempo reflejo exacto de la demencia sociológica en la que discurrimos. Es un ejemplo de «realismo mágico» moderno: un concurso de mesas vestidas sin nada de comida sobre ellas. La mesa se convierte en objeto inútil, pero aun así cargado de información sobre su usuario y, se supone, su contemporaneidad. *Charming*.

Existe también un tipo de adorno en la mesa que a mí me fascina y que en España es tan típico que a veces pasa inadvertido para el propio comensal español. Me refiero al aceitero, la vinagrera, el salero y el pimentero; conjunto al que la gente se refiere en algunas ocasiones con ese nombre tan, pero tan horrible, de convoy, término —insisto— desproporcionado donde los haya: suena como si estuviéramos ante un camión de ayuda a algún país de economía conflictiva. Bien. El universo convoy me seduce al punto de quitarme el apetito y hacer que me dedique a observar a la gente en su ritual de verter el aceite sobre las ensaladas, de agregar el vinagre y de aplicar la sal. Aliñar la ensalada en España es un auténtico arte y, claro, se aprecia con más frecuencia cuando vas a esos restaurantes de menú junto a tus compañeros de trabajo que cuando cenas con Lucía Bosé o Isabel Preysler. En casa de estas damas la ensalada ya está aliñada y uno, por educación, debe aceptar la condimentación, aunque hay gente que pide algo más de aceite y sería divino que alguna vez alguien utilizara la palabra convoy para ver qué reacción provoca. En casa de Elena Benarroch siempre hay aceite, vinagre y salseros en estupendos envases para que cada cual agregue o pase. Y debe reconocerse que estos maravillosos frascos demuestran que las fiestas de Elena no pierden jamás su carácter hiperdemocrático y supermadrileño de «salón» donde viene a reunirse lo mejor de la ciudad y donde la comida es un ingrediente más de la conversación —desde luego uno muy importante—, pero que bajo ningún concepto interfiere con el diálogo y el fluido de información cortesana y nacional que allí se maneja.

Otra gran sorpresa española es el pan omnipresente en la mesa. Para la ensalada, para la pasta, para la paella. Para todo. Una vez incursionamos con el *Sushi express* en casa y me maravilló que el señor del *catering* me preguntara si quería pan. En todos esos restaurantes sofisticados para jóvenes profesionales de éxito comunitario, el momento pan es todo un *show:* integral, con sémola, sin sémola, chapata... Creo que tanta elección es innecesaria; recuérdelo: hay que ser *glamouroso,* pero no redundante. El *glamour* es ya exagerado por naturaleza, si tiene alguna. Y un plato de pasta, lo siento, jamás debe acompañarse de pan. El vino es un tema delicadísimo en nuestro país, porque lo produce, pero al mismo tiempo sufre la convivencia con Francia e Italia, que lo venden en el mundo mundial. Soy muy del vino español, no me confunda, pero muy muy. Es lo que más me gusta de vivir aquí..., bueno, aparte de los hombres, que es otro tema, y de esas señoras de sesenta años paseando por las calles. Me encanta nuestro vino y adoro a nuestro bodeguero, en la calle Reyes de Madrid, porque es muy joven y tiene una cojera que lo hace irresistible cuando me conduce a la bodega y me muestra sus novedades. Pero me refiero, sobre todo, a lo que conlleva servirlo; el increíble aparataje que hace alguna gente sobre si hay que abrirlo antes, servirlo luego, o ese «dejarlo respirar» que a mí me da miedo. Porque, en realidad, el vino es algo más vivo que la cubertería y al mismo tiempo, por su inmortalidad, más misterioso. Usted sabe que un vino puede vivir más que cualquiera de nosotros y eso me resulta tremendo y hasta repugnante. Yo prefiero asociar el vino a las pirámides. Es tan longevo como ellas, si se quiere, y oculta los mismos secretos detrás del color, el olor y el sabor.

En una ocasión, María Rosa Marchesi, la experta en protocolo que colaboraba en el programa de la Preysler, manifestó que el vino «jamás, jamás debe estar directamente sobre la mesa» y se armó una de las polémicas más interesantes de este país. Una amiga mía, cuando le mostramos el vídeo, tuvo que ser sometida a tranquilizantes porque quería agredir la imagen de la señora Marchesi. «Yo sirvo el vino como me da la gana.» Otro amigo comentó que esa frase había puesto al desnudo lo increíblemente salvajes que seguíamos siendo los españoles. «Ponemos el vino como si fuera un caldo, ¿entiendes?, algo que tienes allí, magnífico y tal, pero que consumirás y se acabó.» Otra amiga intentó localizar a la propia Marchesi para organizar una serie de conferencias a lo largo de España e Iberoamérica y demostrar, así, que todavía suceden cosas importantes y nuevas en nuestra cultura. Yo mismo pregunté a la Marchesi si de verdad ella jamás había colocado una botella de vino directamente sobre la mesa. Envuelta en su perfecto visón, un 28 de diciembre de 1998, Marchesi me miró directamente a los ojos y me dijo: «Ni yo, ni mis padres, ni ninguno de mis antepasados colocó nunca una botella de vino directamente sobre la mesa».

Yo he iniciado la práctica. Tengo unos platitos de vidrio que nunca he sabido muy bien por qué los tengo, y empecé por ahí. Los pones en un ángulo más o menos discreto de la mesa y zas..., colocas la botella de vino encima. En alguna ocasión, cuando he ido de tiendas de este tipo, he visto esa especie de ceniceros que sirven para colocar la bendita botella de vino y no sé si alguna vez tendré el coraje o la virtud de adquirirlos. En alguna que otra cena a la que asisto los veo sobre la mesa y pienso que son espantosos. Entonces he ido descubriendo por qué la gente se irritaba tanto con la frase de esta gran mujer: y es porque en realidad implicaba que la única manera decente y de verdad chic de servir el vino es a través de camareros, que lo traen, lo sirven y se van, y tú nunca ves la botella. Claro, es difícil de conseguirlo y muy, muy elitista. Pero si alguna vez tenemos un sobresueldo, a mí no me molestaría gastármelo de esta manera. Sólo hay que recordar algo muy importante para cuando utilicemos servicio o empleados domésticos: siempre debe dar la impresión de que están con nosotros de toda la vida. Sí, porque de otra manera es algo típico de narcos o poderosos recién llegados. Si este libro puede tener alguna utilidad que sea ésta: cuando se dirija a sus empleados, hágalo por el nombre. Esfuércese en memorizarlo. Alberto, Amalia, Augusta, etc. Porque da el efecto exacto de trato democrático y distancia señorial. Jackie Kennedy, otra vez, era experta en esto. Se aprendió el nombre de todos los empleados en cada etapa de su vida, desde niña-jinete en la finca del segundo marido de su madre, pasando por esposa activa en las campañas de Kennedy, hasta el *staff* de la Casa Blanca y luego en la locura Onassis y, por supuesto, en su glorioso estadio final como Jackie O. Un grupo numeroso de nombres que espero no sea su caso, querido lector. Pero, insisto, se trata de un detalle vital. «Mario, puede servir el vino» o «Mario, muchas gracias» delatan una manera elegantísima de ser. Porque servir es un don maravilloso, y muchas veces nosotros mismos —los que ahora nos erigimos en popes del saber estar— hemos servido. Y debemos llevar ese hecho como una medalla mucho más brillante que las de guerras aparentemente más complicadas.

Yo tengo una relación muy especial con el servicio. Y empiezo por el propio Bolívar que, como se sabe, fue criado por esa tata completamente negra, Mama Tomasa, sobre la que más de una vez se ha sospechado que fuera su verdadera madre (lo cual pondría a la sociedad bolivariana en mi contra, pero ¿por qué tiene que ser ofensivo que la madre de nuestro libertador sea morena y además criada? ¿No nos liberó Bolívar del yugo español para llegar en la vida a lo que deseábamos ser?). Desde este punto de vista, el servicio y yo estamos unidos umbilicalmente. Cuando en Venezuela escribía telenovelas y me invitaban a fiestas de la *high* (lo que aquí se llama fiestas privadas, término que aborrezco casi tanto como lo de «se servirá un vino español»), lo primero que hacía al llegar era acercarme a la cocina para ver cuál de los empleados seguía mi telenovela. Con mi fama en la España de Aznar ha vuelto a suceder lo mismo, sólo que ahora no soy el guionista, sino prácticamente la propia «Cristal». En una visita a casa de Pitita Ridruejo, absolutamente fantástica y surreal, el servicio salió al completo a pedir una foto conmigo. Las hijas de Pitita tomaron la instantánea y quedaron tan encantadas del momento que decidieron hacerse una ellas mismas. En ambas situaciones mi pose era la misma: sonrisa y estupefacción. La fama, sinceramente, es el poder más catalizador de todos. La auténtica democracia. Unión absoluta de imposibles: aristócratas, servicio doméstico, emigrantes, fachas, sudacas triunfadores, triunfadores sin patria, etcétera.

Volviendo al vino, la solución jarra o *garrafe* me da todavía más miedo, porque me recuerda a una galerista chilena que había en Caracas. La chica recogía todos los culos de botella y los vertía sobre la *garrafe* para no desperdiciar ni una gota. Comprenderá que esto es un trauma infantil y que por supuesto aceptaría ver uno de estos objetos de cristal en una mesa, pero en la mía... nunca. Y no hay que olvidar ese mundo de envoltura de mimbre para la botella de vino; invento, sin duda, de algún mediterráneo que pernoctó demasiadas veces en Miami. Y tampoco dejemos atrás los terribles *coolers* que se han impuesto en los veranos; esos envoltorios como de plástico «Perdidos en el espacio» que algunas personas aceptan en su entorno diciendo que «hacen muy Ibiza».

Debo advertir que en casa de los Bosé el vino blanco se coloca en el centro de la mesa dentro de unas estupendas cubas de estaño; cubas que, en realidad, sirven para sembrar plantas, pero que quedan divinamente sobre un mantel. O al menos sobre esa mesa Bosé. En más de una ocasión las he visto copiadas en amigos de la familia. Respecto al tinto, sólo decir que se pone cerca de la comida caliente. Superlógico. Recuerde, lector, que cuando le hablo de comidas en la casa Bosé, le hablo de almuerzos y cenas muy frecuentes. Es una casa muy conocida, precisamente, por esas comidas y por la cantidad de comensales que alberga. Todo el mundo se sirve, come, habla y al final lleva su plato a la cocina. Una vez la Duquesa de Alba se maravilló de este sistema. «Nunca antes había estado en una cocina», exclamó a los que la acompañamos en esa nueva aventura. Como me dijo Flotats en una fiesta de Gala: «No dejes nunca de agradecer el descubrir algo nuevo.»

Capítulo III

Ciudades en vez de países

En alguna entrevista he afirmado: «No tengo nacionalidad. Creo que en el futuro perteneceremos más a las ciudades que a los países.» Y, mire, es una verdad maravillosa. Es mejor ir a Manhattan que ser de allí. Todos nos hemos hecho madrileños sin haber nacido en Madrid. Siempre puedes ir a París y no permanecer. Londres dura un día, aunque en realidad no me importaría convertirlo en un año sabático; además, es la ciudad más civilizada que conozco, la que mejor trata a sus habitantes, porque nunca te impone nada, ni siquiera la existencia de los leones del imperio bizantino que duermen en el interior de ese templo al robo internacional que es el British Museum. Una vez que has escogido una nacionalidad a través de una ciudad, jamás regresas a la que te engendró.

En el caso de Manhattan, yo creo que es la madre de todas las ciudades con *glamour.* Y la más cruel a la hora de dar el certificado de adopción. Desde luego que ha contado con una incesante maquinaria de autopromoción para ostentar ese título. Y yo no he conocido otra ciudad que te invitase tanto a tener actitud: mostrar un desafío, vestirte con lo poco que tuvieras pero que luciera de morirse. Recuerdo, cuando vivía allí, que muchas noches tenía que ir al servicio de los restaurantes hindúes de la Tercera Avenida para poder hacer mis necesidades. Pero que conste: iba impecablemente vestido a la moda de entonces, que no es lo mismo que ir bien vestido.

Permítame una nueva digresión. Ya sabe que para mí es un placer. Dejemos por un momento Manhattan y miremos la ropa. No olvide que la moda nos obliga a bailar cada San Benito y que por eso hay que negarse a ser fotografiado. Una vez leí en una entrevista de Preysler lo siguiente: «Me he puesto todo lo imaginable.» Y la comprendí perfectamente. Lazos, rizos, minimalismos y vuelta al lazo y al rizo. Para conseguir un estilo, hay que probar, y cuando uno prueba, ya se sabe, es tremendo. Al mismo tiempo hay que entender que lo fútil inherente a la moda es su peor enemigo, precisamente porque pasa y lo que queda es la foto donde nunca luces bien. Lo opuesto, adherirse a un uniforme y vestirlo con mínimas alteraciones a lo largo de una vida, es fundamentalista, y como todo lo fundamentalista, aburrido de cojones. ¿Cómo se resuelve este dilema? Asumiendo la frase de la Preysler: vestir todo lo imaginable. Una especial diferencia entre la sofisticación y el *glamour* es precisamente ésta: el *glamour* no tiene miedo a nada, ni mucho menos a su supuesta archienemiga: la vulgaridad. La sofisticación siempre está más cerca de la perversión que de otra cosa. Y como las buenas drogas, hay que saber pararlas a tiempo. De lo contrario, puede usted terminar en prácticas pederastas u otros pecados de fin de siglo. A la vulgaridad se la vence uniéndose a ella y sometiéndola, nunca negándola o tapándola con un dedo.

Volvamos a Manhattan. Esta ciudad te da un sello, ese de saber sentir lo que va a estar de moda. También recuerdo que mi estancia allí coincidió con el auge de las revistas de moda lanzando leyes y dictámenes a diestro y siniestro. Uno de ellos, el que más ha perdurado en mi vida, era que uno siempre debía abandonar una moda en el instante en que la viera reflejada, hablada o interpretada en las páginas de una revista de modas. ¿Qué quiere decir esto? Que la moda deja de serlo en el momento que se reconoce como tal. Y eso, perdóneme, es una verdad como un templo.

El reciclaje de las décadas es apasionante. Se dice que el *revival* empezó con los ochenta y su obsesión por revisarse en los cincuenta y los sesenta. El auge de Elvis, el triunfo de Dean y Marilyn como iconos adolescentes, la redención de Las Supremes y el recuerdo de Los Jackson Five..., todo eso fue configurando, en la década del sida y la deuda externa, la idea de que no hay mejor pasatiempo para envejecer que reestudiarse periódicamente y con lógica de veinte años. Es decir, en los ochenta se revisaban sobre todo los sesenta. En los noventa, los setenta. En el dos mil, los ochenta, y así hasta que la propia rueda fuera haciéndonos llegar cada vez más atrás. Pero, igual que sucedió en los ochenta con todo aquello que sonara a sesenta, no existen reglas definidas para saber lo que es de verdad de entonces o lo que parece que pareciera que lo fue.

Yo estoy dispuesto a revisar los ochenta, pero con cierto tiempo. Antes quiero seguir con el *glamour* de las ciudades. Se dice que Madrid es un caos, y Barcelona, una sofisticación. Bueno, imagino que sabrá a estas alturas que prefiero el caos antes que la sofisticación. El caos es como un chulo que te dejara nuevo, o nueva. Por eso me gusta de Madrid esa insolencia que tiene con respecto a todas las ciudades del mundo. Ese «como se vive aquí no se vive en ninguna parte». O «tenemos la mejor comida». O «disponemos de la noche más emocionante». Estos tópicos son ciertos de Madrid, y por eso uno se hace de ella y generalmente se niega a defenderla mucho, porque no hace falta. La dejadez madrileña es clave para asumir su soberbia.

Barcelona, en cambio, es oculta, peligrosa, pero yo no diría sibilina. En primer lugar, allí se trabaja y se trabaja mucho. Y si caes en manos de expertos profesionales de la noche, terminarás trabajando la noche más intensa que te puedas imaginar. He visto al diablo en más de una ocasión y se ha tratado de un cubano generosamente construido, con un miembro enorme y una bolsa de cocaína todavía más grande. «¿Eso es el diablo?», me han preguntado. Hombre, si te gustan al menos dos de todas las cosas que cargaba ese elemento, es el demonio.

París, por ejemplo, no me pareció del todo *glamourosa* hasta que Lady Di pasó a la inmortalidad bajo el Pont del'Alma. ¿No la encuentra, sinceramente, una de las muertes más chic de la historia? Bueno, casi tan chic como la de la emperatriz Sissi, atravesada por una bayoneta que cruzó las capas de su entramado mientras paseaba. Sissi y Diana han sido muy comparadas en estos últimos años: una inició el siglo con su muerte y la otra lo cerró con la suya. Pero París nunca ha sido tan capital *glamour* como desde la muerte de Lady Di; una muerte cubierta de las dudas necesarias para convertirse en leyenda. Incluso me gusta ver ese panteón improvisado, la antorcha de oro a la entrada del túnel donde perdió la vida, cubierta de firmas y condolencias de seres de todas partes del mundo. Lo encuentro como la respuesta que al fin París pudo darle a la Estatua de la Libertad o al Empire State Building.

Berlín es otra capital del universo *glamour,* incluso la más reciente, porque al fin se puede visitar y ver desde la dimensión de sus tres guerras. Sí, tres. Las dos mundiales y la guerra fría, que es la que más sello le dio. Esa capital de puentes. Esa capital de solares vacíos que muestran lo que allí una vez existió y fue bombardeado, pero jamás se reconstruyó para evitar el extraño ejercicio del olvido. La capital cuna de la Bauhaus, el estilo arquitectónico más cercano, una vez más, a nuestro Hollywood redentor, del que hablaremos con detenimiento más adelante. Y es crisol de culturas minoritarias, alma y alimento del *glamour.* En Berlín los *gays* son más *gays,* y las lesbianas, más femeninas. Los escritores, más autores, y los cineastas, más genios. El arquitecto se sublima, el político tiene todo un continente para inspirarse y el propio europeo, vea usted por dónde, es aún más europeo. De nuevo la ironía de la historia procura nuestra sonrisa: la capital donde se gestó, bajo el Tercer Reich, la conquista del viejo continente, al final es la que ostenta su abanico, su arcoiris de tendencias y prácticamente todas las leyes que conforman la Unión Europea.

La ciudad más *glamourosa* es aquella a la que uno siempre vuelve, que no es lo mismo que aquella que te hace sentir en casa. San Francisco habita en mis recuerdos, día sí, noche también; urbe que se jacta de un fuerte aroma europeo, aunque sus rascacielos están más cerca de *Blade Runner* que de *Metrópolis.* Pero es también una ciudad infectada de parias de todas las edades, condiciones y razones. Unos son veteranos del Vietnam; otros, simples locos. Y créame, estos parias conforman la fauna urbana más fascinante de todas cuantas haya visto. Siempre allí, afeando sin llegar a afear, peregrinando en los mismos periplos, perdidos en sus demencias y protegidos por los mudos rascacielos.

Praga, que con su belleza imperial ha soportado otomanos, nazis y soviéticos. Roma, que posee el edificio más moderno: el ancianísimo Panteón romano. No hay referencia arquitectónica que no encuentre su origen en este sencillo edificio.

Y por último Caracas, la ciudad que me enseñó a amar a otras ciudades precisamente por negarme tantos años a considerarla como tal. Si algún día la visita, no deje de observar la nitidez de su luz. Todos los colores adquieren una fuerza renovadora. La imponente altura del Ávila, la montaña que todo lo vigila y que despliega sus faldas por todas las esquinas de la ciudad. Esa profusión de verde que la convierte en una urbe que lucha entre el hormigón y la naturaleza. Y su mezcla de subdesarrollo y *glamour* licuado entre Miami y cualquier capital europea donde vuelen las chicas de Avensa con su *European Outfit*.

Y hablando de Caracas, voy a acercarme a la exageración. A mí me encanta la exageración en el vestir y en el ser de los latinoamericanos. Carlos García Calvo definió este estilo una vez como producto del «eje Caracas-Madrid-Miami», y nunca existieron palabras más ciertas. Siempre parto del hecho de que de la exageración nace lo depurado. Y nunca sucede lo contrario. La exageración, al ser más primitiva, es por ende más real, y por eso más inspiradora. Audrey Hepburn sólo puede inspirar otra Audrey Hepburn, y eso es imposible y hasta innecesario. Sin embargo, se puede aprender todo y mucho de Raquel Mosquera, por ejemplo, o de su antecesora cultural, la indiscutible Mae West. Advierto que pertenezco a un extraño club de *fans* de Raquel Mosquera que se gestó hacia mediados de los noventa, cuando en su boda con el padre de Rociíto ella presentó dos tartas nupciales, a saber, una con un *set* de peluquera en mazapán y otra con un *ring* de boxeo, en alusión a la profesión más conocida de su marido. Divina, insuperable, reina absoluta de una forma de hacer *camp* a la española.

La exageración es *camp*, como bien lo demuestra en su histórico ensayo, *Contra la interpretación*, nuestra santa Susan Sontag. Ella afirma que el dandi contemporáneo tiene que entrenar su olfato para no huir de la pestilencia de lo vulgar, lo exagerado y lo no sofisticado. Como he nacido exactamente en el mismo año en que Sontag publicó su ensayo, 1965, soy de una generación que adora lo extremo porque sabe sacar de ello más de una lectura. Y creo que necesitamos promoverlo para, desde el disfrute, alejarnos de él.

Ésta, quizá, es la manera de explicar mi relación con los hitos perecederos de nuestro entorno. Son un estilo de vida y generalmente vienen acompañados de su propio *glamour*. Hablemos de los miembros de «Gran Hermano», por ejemplo. Esos catorce «ganadores», como los definió el único y auténtico triunfador, el gran Ismael, han sacudido los cimientos de un país de dos mil años de antigüedad, pero que ha iniciado un proceso de modernización que lo ha americanizado a tal punto, que también lo ha vuelto tan ingenuo y poco sofisticado como Estados Unidos. No vengo a seguir con la misma cantilena, le advierto, pero es que las coincidencias suelen agolparse. Un éxito televisivo como el que ha tenido «Gran Hermano» sólo puede explicarse en un país que se siente a gusto consigo mismo y que está lo suficientemente preparado para verse reflejado. Y eso lo consiguieron los organizadores del *casting* de este programa. Han reunido a un grupo de personas, de buena apariencia física, blancos, encantadores y representantes de casi todas las aristas de esta sociedad. Y además han logrado que esta sociedad española, después de sobrevivir a su propia historia, se encuentre encantada de sentirse moderna y próspera y con sus queridos personajes catódicos convencidos de haber colaborado en el cambio.

Ismael es ese español que todos desearíamos ser. Educado, guapo, divertido y vivaz, no necesariamente culto, pero con una humildad y con tales deseos de superación que ponen al culto contra las cuerdas de su propia soberbia. Es lo que hizo con Koldo, por ejemplo, el para siempre censurado elemento intelectual y vasco del grupo, cuando éste le habló de Kafka y al preguntar Ismael, con vocecita curiosa, quién era Kafka no pudo evitar ponzoñarse contra el gaditano inculto. Este intercambio le valió a Koldo la antipatía del público, el típico rechazo al intelectual que se cree sabelotodo, y, en cambio, le supuso el amor desmedido al rubio ignorante que, siendo un personaje kafkiano, desconoce totalmente al autor checo. Pero en el universo de las identidades perdidas, Ismael es más identidad que cualquiera de los inquilinos de la casa. Y una vez que le hemos conseguido ese triunfo, no sabemos o no nos interesa mucho qué hacer con él. Todo esto es producto de una fama fagocitadora, de usar y tirar, contra la que, repito, no podemos erigirnos jamás como censores, porque sería hipócrita. Es signo de nuestros tiempos y como tal nos acompañará.

Anya, mi favorita, lo es por las mismas razones *camp* que me hacen amar a Raquel Mosquera y a Mae West. En una entrevista posterior a su salida de la casa, conmigo al lado, suerte de Andy Warhol hispano con su Edie Sedgwick particular (Warhol tomó en sus manos a esta rica heredera bostoniana y la convirtió en la más significativa de sus *superstars*. Edie terminó creyendo que era más icono que su maestro y se enamoró de Bob Dylan y creyó que podría ser una auténtica estrella cinematográfica mientras se deslizaba en las drogas. Murió de sobredosis y desplegando una sombra de moralina y acusación sobre el mundo Warhol), Anya —decía— reconoció que la Y griega de su nombre era falsa y que la había puesto para cambiar su Ana Iglesias de Valladolid en una princesa de las nieves. Reconoció también que su edad no era veinticinco años, «porque en el mundo de las modelos la edad es un handicap que te discrimina», y que en realidad tenía veintinueve. Y que su físico fue sometido a intervenciones quirúrgicas para transformarlo «del cuerpo de una mujer X en el de una mujer Y griega». Fue total esta intervención: todo el tiempo sosteniendo mi mano y todo el tiempo haciéndome ver que en este nuevo siglo, más que ser famosos, tenemos el poder de convertirnos en aquello que más deseamos ser, en la mujer que llevamos dentro como aseguraba Agrado en *Todo sobre mi madre*. Anya es prueba de esto y ése es su *glamour*, su magia: llevar las leyes del *glamour*, ésas de reivindicar el artificio, al punto más extremo. SER únicamente artificio.

Capítulo IV

¿Cómo se impone un estilo?

Glamour y estilo van equivocadamente de la mano. Lo único que en realidad los une es la inteligencia. Si no eres inteligente jamás tendrás ninguno de los dos. El estilo vas desarrollándolo: es mentira que se nazca con él, de lo contrario, sería aburridísimo. Probablemente uno viene al mundo con un cierto garbo, una buena postura, una sonrisa muy determinada, pero si no te dedicas a descubrir el estilo de los demás, desde el de tu padre hasta el de Lana Turner o el de Isabel Preysler, vas fatal.

Tener estilo es un ejercicio de observación. Lana Turner, por ejemplo, destaca sobre el resto. Es una persona totalmente fabricada, aunque ella fue la primera en entregarse a esa transformación. Huérfana de un padre fracasado y en la miseria, Lana vio cómo su madre se dedicaba a trabajar en casas, planchar camisas y zurcir calcetines hasta hacer de su hija Lana Turner. Se supone que la suerte, algo también muy asociado al *glamour* (siempre azaroso), tuvo un papel muy importante: la descubrió un cazatalentos en un bar y la convirtió en la chica del jersey ajustado. Y a partir de ahí, el tesón, la disciplina y la supervisión de la Metro-Goldwyn-Mayer conformarán el sello Lana Turner. Lana impone a la historia una colección de peinados que durante su apogeo como actriz fueron el epítome de la cultura capilar. Luego vendrán años de desprecio general; años en que estos peinados serán acusados de antiguos, aunque unos instantes antes de su muerte por cáncer de garganta —ella que tenía el cuello más largo y altivo de todas las estrellas de la MGM— fueran de nuevo considerados los *coiffures* más caprichosos del siglo XX. Pero fíjese usted bien: se la criticó por llevar peinados antiguos. Antiguo. El peor insulto en el mundo del *glamour* y, a la vez, el más evidente y paradójico..., porque si en este universo todo tiene fecha de caducidad y también fecha de recuperación, no existe tiempo real para determinar ni lo antiguo ni lo moderno. El *glamour* y sus contradicciones. En fin.

Pero Lana era mucho más que su pelo de perfecto dorado y rizos a medio camino entre la Grecia clásica y el frufrú María Antonieta. Lana fue también una forma de entrar y salir de las habitaciones, una especie de deslizamiento provocador y distanciado. Fue también un estilo de actuación que ella misma definió en su insuperable autobiografía *La dama, la verdad y la leyenda* como una especie de acto vergonzoso; acto vergonzoso del que se liberó cuando vio cómo Vincent Price se divertía sobreactuando sin pudor en *Los tres mosqueteros*. «Me di cuenta —dice Lana— de que yo tenía que conseguir eso en mi trabajo, divertirme con lo único que sabía hacer bien en esta vida, actuar». Y en efecto, cuando se revisan los filmes de esta gran dama, *sex symbol* arrogante y conflictiva mujer de bajas intenciones, descubrimos que su manera de interpretar no es reflejo de ninguna academia, sino más bien producto de un cóctel perfecto entre *glamour,* estilo y un algo más que sólo el celuloide puede convocar. Lana fue magistral en esos papeles de hembra que va transformándose de acuerdo a las circunstancias. A saber: profesional, independiente, amante, esposa, madre, viuda, independiente de nuevo, plagada de algún conflicto (alcoholismo, celos, pasado turbulento, hijas enfrentadas...) y durante esas múltiples transformaciones, ¡su peinado sigue siendo el mismo, su deslizarse entre habitaciones continúa igual, su magnífico cuello elevándose por encima de todo, por encima del mundo!

Estilo. Lana es un estilo bajo el auspicio de la Metro-Goldwyn-Mayer, aquí rebautizada como la Metro-*Glamour*-Mayer. ¡No creo que haya existido mejor invento en el siglo XX que esa factoría de dioses! Todos sin excepción (Lana, Judy, Joan, Esther, Ginger y Fred, etc.) cuando han comentado en sus memorias todo ese complejo de pabellones y platós, insisten en que dentro se estaba gestando una nueva forma de ser, de comportarse, de actuar. Porque allí les enseñaban a mirar; a cruzar las piernas; a peinarse; a cambiarse de vestuario; a saber llevar una conversación; a no parecer nunca reales, sino perfectamente creados por un departamento de publicidad.

Contemporánea a los recios dictámenes del Tercer Reich, la Metro-Goldwyn-Mayer es la respuesta natural al nazismo. Si nos fijamos bien, salvando las distancias, nunca dos postulados han estado tan cercanos, tan unidos por la propaganda y por la profusión de símbolos arquitectónicos con tendencias al clasicismo y a la creación infatigable de dioses inmarchitables, victoriosos y épicos.

Detengámonos en el *look* nazi. Es *glamouroso*. No se excite ni se sobresalte por esta afirmación, querido lector. Lo es porque se basa en el artificio, en manipular al pueblo —por lo general feo, pobre, y, sobre todo, mal vestido— con la promesa de que su anexión a un proyecto político lo convertirá en divinidad. Hitler y, sobre todo, Goebbels (ministro de Información y Propaganda, en realidad el primer gran publicista del siglo XX) se apoderaron de la mitología y las fábulas de la gran Alemania para alimentar el sentimiento ario. Y aquí aparece Leni Riefenstahl, realizadora de cine que ha sufrido durante largos años el desprecio por haber colaborado con el nazismo, cuando en realidad fue el nazismo el que se acercó a ella y la convenció, como a otros muchos, del triunfador ideal ario. «No sabíamos nada, sólo éramos alemanes», dice el personaje de Marlene Dietrich en *Juicio en Nuremberg*.

Riefenstahl había sido actriz de la UFA (la madre teutona de la Metro-Goldwyn-Mayer). Terminó apareciendo, más de una vez, al lado de Hitler, Goebbels y otros altos cargos en ese tipo de fotos que, como la sangre en las manos de Lady Macbeth, jamás logran desaparecer. Pero Riefenstahl no tiene la exclusiva: Wallis Simpson y el propio Duque de Windsor también coquetearon con Hitler. De hecho, el líder nazi engatusó a Eduardo prometiéndole la Corona a la que tuvo que renunciar si su proyecto de conquistar Europa funcionaba. Y es que las casas reales, incluso la británica —la más seria, organizada y lucrativa— tienen este tic nefasto de dejarse seducir por las personas más inconvenientes. Pero volvamos a la Riefenstahl. Sus primeras películas como realizadora en pleno período de entreguerras cautivaron a Hitler seguramente porque encontró en ellas ese punto lírico, cursilón, pero espectacular que un dictador necesita aceptar como arte. Si usted ve esas películas hoy día, se dará cuenta de que son extraordinariamente estéticas, que están magistralmente iluminadas, y que respiran, tristemente, ese aura de gran nación sustentada sobre héroes épicos que invitan al hombre a superar su propio poder y su propio destino. El culmen de la realizadora se encuentra en el prodigioso *Olimpia*, suerte de documental de largo metraje sobre los Juegos Olímpicos de 1936 en Berlín, y que terminaría de asentar los parámetros del estilo nazi. Riefenstahl se apoyó en los deportistas y en el imponente estilo arquitectónico del propio Stadium de Berlín, edificado para el evento. Líneas, geometrías de elegante altura, presencia ciclópea. *Glamour* y poder en cada segundo de celuloide. Los nazis enloquecieron. ¡Al fin tenían la imagen de ese país operático que tanto deseaban! Y la Riefenstahl, que toda su vida repitió una y otra vez que lo hizo «porque quería retratar la belleza, sólo la belleza», quedó para siempre unida al proyecto político más denostado y repugnante de la Historia.

Unos años antes, en 1915, D. W. Griffith (1875-1948), tan americano como hoy Calvin Klein, introducía a Hollywood en el sendero de la grandilocuencia con su *Nacimiento de una nación.* Tendenciosa acerca de la superioridad del hombre blanco y amiga del Ku-Klux-Klan, su discurso defiende el destino iluminado de ser americano. No hay apenas distancia con las reflexiones del nacionalsocialismo. Hollywood también mezcló belleza e ideología. De hecho, Hollywood es la máquina ideológica más grande y certera que ha existido. Sin embargo, frente a los postulados nazis, Hollywood demostró mucha más inteligencia al intuir que la moralidad desviada y enfermiza del nazismo no podía conducir a ningún sitio. Así que, frente al superhombre ario, Hollywood suavizó su ideal del superhombre americano y lo mezcló con la defensa de la democracia y de la libertad. A esto añadiría la reinterpretación del *glamour* como estética a imitar por una incipiente y a la vez poderosa clase media, y ya sólo faltaba un paso para «el sueño americano», mito entre los mitos. Sin duda, un lúcido y visionario ejercicio de márketing. Y no hubo error en esta estrategia: EE.UU. es la primera potencia del planeta. Hollywood observó las debilidades del enemigo alemán y lo hizo, precisamente eso, enemigo, demonio terrible, asesino, lacra de la humanidad, a años luz del salvador «sueño americano». Hollywood creó *Lo que el viento se llevó* o *Jezabel* para modificar el espíritu de *El nacimiento de una nación.* Es decir, Hollywood jamás detuvo su maquinaria ideológica. Continúa andando hoy, con marquesinas aún más grandes, por el mundo entero, ya conquistado. A través del *glamour* Hollywood consiguió la voluntad de poder, pero no del superhombre, sino del dólar.

La Riefenstahl se valió de heroínas mitológicas germánicas. Hollywood las tenía de carne y hueso, y las friccionaba a más no poder. Piense en ese prototipo de personaje que Joan Crawford encarnó en todos sus años MGM: mujer joven, atractiva, que trabaja como dependienta en un gran almacén, pero que se viste como hoy lo hace Rania de Jordania en sus giras de Estado, y que vive en apartamentos que son «*glamour personified*». No existe esa dependienta en ninguna parte del mundo, ni bajo ideología alguna. De la misma manera que tampoco existe la pastorcilla alemana buscando la edelweiss. Inventos ideológicos, ofrecidos bajo el manto del *glamour.* ¿El precio, la cara oculta de esta maquinaria propagandística? En el lado nazi, los cadáveres judíos y de otras minorías étnicas. En Hollywood, la vida privada de esas heroínas de carne y hueso, como Joan, como Lana, como Liz o como Judy; estrellas vigiladas, alteradas, desmoronadas a placer por los grandes estudios y sus publicistas. Sirva el ejemplo de Joan Crawford. Ésta adoptó a una parejita de niños, Christina y Cristopher; y el estudio la obligó en numerosas ocasiones a posar una y otra vez para fotografías de publicidad. Como curiosidad, Christina, la hija adoptiva de Joan, inauguraría el género literario «Destruye a tu mamá, acaba con su mito y jódela para siempre» al publicar el libro *Mamita querida.*

Si Hitler era el líder del Tercer Reich, Louis B. Mayer lo era de la MGM. Sin embargo, Hedy Lamarr, la más bella del grupo, cuenta en su biografía que ella lograba enfrentarse al mogul y ganarle. Judy Gardland afirma lo mismo, según sus biógrafos, a pesar de ser precisamente la diosa más conflictiva por sus dramas de drogas, alcohol y una infancia aniquilada. Esther Williams también mantiene que Mayer la temía cuando aparecía vestida, y seca, en sus descomunales despachos. Ava se mofaba de él. Sólo Liz pareció tenerle algún respeto, seguramente porque intuía que de todas las diosas de ese imperio, sólo ella llegaría a ver el amanecer del siglo XXI, y esa certeza era grito suficiente para dejar callado a cualquiera: sé que os enterraré a todos. Y es que con la unión del *glamour* y el cine la fama se convertirá en algo más decisorio que la ideología y la ciencia. La fama se convertirá en el poder mismo.

Louis B. Mayer es otro ejemplo apasionante de estilo. Emigrante ruso, sus padres habían viajado a las profundidades de California para luchar contra las mafias francesas que dominaban el negocio de la peletería. Pero Mayer no se llamaba así; transformó su apellido para hacerlo parecer más anglosajón: primera determinación en busca de un sello personal, de un estilo. Se dedicó al mundo de la fabricación de guantes y se entregó a la venta directa, casa por casa, pueblo por pueblo, ciudad por ciudad, hasta que la aparición del invento Lumière y la compra junto a otros socios de una sala de cine lo encaminó a la gloria. Me encanta el detalle de los guantes: que tuviera que convencer a todas esas señoras rurales de que esa simple prenda podría cambiarles la vida. Siempre me lo imagino con su imponente físico, gordo, su incomprensible acento ruso (luego fue famoso por sus «mayerismos», las burradas que hacía con su idioma de adopción, el inglés), creando en ese doméstico comercio lo que luego sería la filosofía de su empresa: vender sueños que transformen la tristeza de la realidad.

Mayer es un mago del escapismo. Por eso me encanta que vendiera guantes. Para él era mucho más importante cómo se vestía, entraba y andaba una de sus diosas que lo que transmitiera el guión. El guión era esclavo del *glamour,* al menos por un instante de nuestra historia, y seguramente eso también conllevó al *look* MGM a ser considerado hoy día sólo un *look.* Pero para mí es una filosofía, una parte esencial de la historia contemporánea. Un ejemplo. Marlene Dietrich se pasaba horas, días y semanas enteras junto a Travis Banton, su diseñador de ropa, buscando la pluma de gallo idónea para un primer plano de *El expreso de Shanghai*. Si hoy usted observa la película entenderá que Banton y la Dietrich fueran artesanos de una verdad suprema. Porque no todas las plumas de gallo sirven para un primer plano. Llegaron envíos de gallos de todas las nacionalidades, e ideologías, hasta que una pluma senegalesa dio el efecto deseado: algo aterciopelado, casi salvaje, casi vivo. Como si el exótico macho plumífero sirviese de protección a la desolada y extraña mujer que cruza el andén del tren en un Shanghai ficticio. *Glamour*, desde luego. Y estilo. Y poder.

Mayer ejerció su dominio hasta que la historia y sus gustos lo volvieron obsoleto y Hollywood quiso ser más real. Mayer, al final, corrió la misma suerte que Goebbels al término de la contienda. Su propio *opus* estaba escrito en el aire. El público triunfador, el americano, deseaba realismo, ver sus propias carnes abiertas, con menos lágrimas y menos maquillaje. Y Mayer, como algunas de sus mimadas estrellas, tuvo que despedirse por la puerta de atrás.

Pero hay otros reyes masculinos del estilo, precisamente en América. Randolph Hearst es uno de ellos, con su mítico rancho San Simeon. San Simeon (hoy patrimonio del *heritage* americano, un término superconservador que sería algo así como la herencia de lo esencialmente gringo) es una mezcla de partenones con delirios pompeyanos, piscinas de azul Metro-Goldwyn-Mayer perfectamente cloradas, trozos de castillos europeos y metros y metros de esculturas de mármol italianas, frescos renacentistas..., todo lo que un próspero hombre hecho a sí mismo puede aglutinar para asombrar y demostrar poder y estilo, una vez más. Orson Welles satirizó al personaje y a la casa en *Ciudadano Kane*. Pero la realidad supera a la ficción. Siempre. Y San Simeon es hoy museo de lo que, según Diana Vreeland, «un auténtico hombre americano es capaz de crear».

Ese tipo de estilo llama poderosamente mi atención. Porque emana poder, desde luego, pero también porque siembra una tendencia. De Mayer y Hearst en América podemos pasar perfectamente a un Mario Conde o un Villalonga en España o a un Gianni Agnelli en Italia. Agnelli, por ejemplo, puso de moda llevar el reloj con la esfera debajo de la muñeca en vez de encima. Una tontería, desde luego, pero yo desearía que la Historia subrayara este aspecto de su creación para con la humanidad. Algo así me ocurre con Simón Bolívar: siempre he preferido referirme a Simón Bolívar más que como el libertador de cinco países americanos, como el inventor del sombrero «Bolívar», una especie de pamela para hombres que él puso de moda en París mientras vivió en Europa en plena época napoleónica. O napoleonismo, que diríamos ahora con tantos *ismos*.

Conde y Villalonga tienen un problema para ser tratados como hombres de estilo: demasiado conocidos y demasiado presentes en nuestra sociedad gracias, uno, a ese ir y venir de la Audiencia Nacional y, otro, por la compra de telefonías móviles en aquellos países que una vez fueron del Eje. Conde impuso la gomina, ya se sabe y, desde luego, el *look* «libertad condicional» espléndidamente reflejado en esa mochila de fin de semana con la que le hemos visto en sus escapadas de Alcalá-Meco. Además, alguien tendría que reconocer que Alcalá-Meco es uno de los nombres de cárcel más chic que haya existido. Por su parte, Villalonga es un poco más Pedro Picapiedra. Su estilo, al menos de vestir, refleja aquello que en los ochenta se llamaba «tener lo mejor de ambos mundos», es decir, la simbiosis Europa-América. Entre estos dos hombres se ha creado una moraleja moderna: no debes abusar de tu estilo porque se te verán los dientes y el presidente de turno te convertirá en su mártir-monigote.

Villalonga tuvo un golpe maestro al no caer nunca en las garras de la gomina mariocondesca. Habría sido tan obvio que le habría costado una pierna partida antes de iniciar su veloz carrera. Siempre me ha gustado el Villalonga de la «mata de pelo» irreverente a cualquier peinado; el Villalonga de pelo espeso, negrísimo, y con crecimiento al bies. El mismo tipo de pelo, por cierto, de Mónica Lewynsky. Y si de verdad existen los «separados al nacer» Mónica y Villalonga lo son bastante.

Estilo y *glamour.* ¿El primero es masculino y el segundo femenino? No. Recordémoslo siempre: viajan juntos, pero separados. El estilo marca, el *glamour* acentúa. El estilo suda, el *glamour* sonríe y miente. El estilo se depura, el *glamour* se satura. Por eso un estilo puede durar toda la vida, pero el *glamour* se morirá de aburrimiento si no se le socorre con ese batir de pestañas, algún aspaviento, un efecto *shock.*

Recapitulemos, pues. Hollywood es un estilo. El Tercer Reich también. Pero mientras Hitler une su estética a una criminalidad inmoral y gratuita, Hollywood retoma el concepto del superhombre americano y lo reorienta hacia la creación *glamourosa* del sueño americano.

La derecha americana, desde luego, es otro estilo hiperrepelente. Esas faldas blancas exactamente sobre la rodilla y la rebequita y el *twin set* (a saber, rebequita con jersey del mismo tono debajo). Dios mío, me provocan miedo. Y mucho. Porque creo que encierran lo peor del mundo del estilo, aquello que desea pasar inadvertido: demasiado discreto para creerlo, demasiado educado para ser sólo una señal de benevolencia. Creo que es la cara amable de la represión, de la corrupción más asquerosa, aquella que jamás se reconocería a sí misma, la que prefiere ocultarse en el almidón del cuello y el blanco impecable de un estúpido trajecito sin pretensiones.

El Papa es un estilo... inalterable. Hay que reconocer que cada prelado le pone rostro a su pontificado, y poco más..., hasta la llegada de Woytila, que, sin duda, ha sido revolucionario incluso en eso. Los nuevos trajes confeccionados para el Jubileo son apoteósicos, porque mezclan perfectamente los preceptos de colorismo —hasta entonces asociados a la reina madre de Inglaterra— con las encíclicas más ultrarreacccionarias del mundo occidental. El que utilizó para la apertura de la Puerta Santa en la víspera del 1 de enero de 2000 iba francamente más allá de todo lo visto en moda. Grandes colores en impresionantes longitudes de tela. Brillo, poderío, santidad y respeto conservador en una misma prenda. Si eso no es estilo, querido lector, no continúe leyéndome.

En contraprestación, y también bajo la misma moral católica, el urbanismo que nos dejará como herencia el alcalde de Madrid, Álvarez del Manzano, es similar a esas chirriantes falditas blancas de la derecha más conservadoramente americana. Esos bidés a los que gusta llamar fuentes, ese aspecto de señorona que necesita hacer cumplir sus reglas de forma estricta y sin negociaciones, afortunadamente son sólo ejercicios de estilo de un alcalde capitalino. Porque las ciudades tienen esa suerte única: su belleza siempre sobrevive a sus gobernantes. Pero de este asunto ya hemos hablado. El estilo de las ciudades, siempre más eterno que el de sus habitantes.

Hay otro estilo que ha llamado mi atención como español adoptado. Y es el de las señoras españolas, sean de Vigo, Salamanca, Sevilla, Madrid o Tenerife, que han sobrepasado los sesenta años. Las encuentro apasionantes. Divinas. Espectaculares. Sí, sí, ese modo de andar, sea a la cafetería a reunirse con las amigas (que ya de por sí es algo que me emociona, verlas allí, despojadas de sus compromisos como madres, esposas o hijas, hablando entre ellas de todo: hombres, nuevos sexos, chismes, mitos y vulgaridades) o a la iglesia o a visitar a ese nuevo amigo de su hija universitaria que tan bien las trata y al que le han cogido afecto maternal. Estas señoras de verdad son únicas, quiero decir, son propiedad absoluta de la cultura española igual que lo es el águila imperial o el quebrantahuesos. Mírelas a partir de ahora, sentadas en el bus, serias pero sin resultar antipáticas, dispuestas a entablar una conversación civilizada sobre cualquier cosa. En el bus tienen el bolso muy cerca o sobre las piernas. Cuando pasean por la calle, sin embargo, lo llevan un poco más abajo del codo, en una estricta zona geográfica que discurre por el antebrazo pero sin acercarse nunca a la muñeca. Van perfectamente abrigadas todo el año, con ese largo de faldas justo por debajo de las rodillas. Las joyas exactas, ni mucha cantidad ni poca. Maquillaje muy sobrio, porque a cierta edad el arte de maquillarse se convierte en pintarse. Las hay que llevan ese pañuelo sobre la nuca y hacia el escote que el PP convirtió en estandarte en las primeras elecciones ganadoras del 96. Pero no me molesta. Lo encuentro un guiño a sus propias convicciones ideológicas. Y, al mismo tiempo, ¿no es maravillosa la total inutilidad de ese pañuelo que jamás se ata, que ni abriga ni estorba? Por eso, esta nueva derecha de centro se muestra tan despreocupada y vencedora: si hace de un pañuelo una nada, será por la mucha confianza que tiene en sí misma. Pero volvamos a las mujeres. Cuando las veo avanzar juntas, como he dicho, camino de la cafetería, a la iglesia o a casa de un conocido, pienso que España siempre ha sido conservadora, pero dispuesta al diálogo que la buena educación pueda enmarcar. Por tanto, ése es nuestro estilo. Desde las buenas maneras, el paraíso es más factible y el *glamour,* su mano ejecutora..., hasta que alguien diga, con la voz muy alta, que la única regla fija del universo *glamour* sea no tomarse jamás nada en serio. Ni siquiera el pañuelo que flota sobre unos hombros castamente cubiertos.

Capítulo V

Lo mejor de dos mundos... ¿Existe?

Durante mi estancia en Estados Unidos estudié en un colegio de chicos problemáticos: todos expulsados de instituciones educativas de prestigio reconocido. Se hacía especial hincapié en que los extranjeros que por allí pasábamos teníamos el privilegio de aprender «lo mejor de dos mundos». Pero, ¿cuáles eran esos dos mundos? Si viniera de Asia, lo entendería: lo mejor del Pacífico y lo mejor del Atlántico. Si fuera europeo, también: lo mejor de ambas orillas del viejo océano. Pero como sudamericano, ¿no había vivido ya toda una infancia viendo cómo Bambi, en un perfecto inglés, lloraba la muerte de su madre en el cine de mi barrio?

Hablar de lo mejor de dos mundos —y esto lo he entendido luego— resulta tan abstracto como el *glamour*. Y si observamos bien y hacemos un repaso a los ejemplos más significativos de *glamour* citados en esta narración, gran parte de ellos, si no todos, son de origen yanqui. Y lo digo claramente: el *glamour* es la última arma de transculturización empleada por Estados Unidos. Sí, lector, y aun a riesgo de que cierre el libro, el *glamour* es yanqui, y Europa se ha dejado seducir por él porque tiene la suficiente pátina de europeísmo como para engañarnos vivos.

Piense un instante en Grace Kelly. Siendo Princesa Serenísima de un peñón insólito, consiguió redimensionarlo, sin poder evitar que al final se convirtiera en su propia prisión. Pero, ¿quién dijo que el *glamour* garantizara los finales felices? Kelly venía de una familia hecha a sí misma, de Filadelfia, esa ciudad prima hermana de Manhattan, con la absurda estatua de Jefferson a la que ningún rascacielos podía superar en altura. Grace siempre fue despreciada por su padre, el temible señor Kelly, que jamás le perdonó el que no se adhiriese a la política «hijos estrellas del deporte». Grace, sin embargo, consiguió ser mucho más que una deportista estrella: amén de unas cuantas grandes escenas de nuestra memoria cinematográfica, durante su reinado como princesa serenísima transformó el *look,* el estilo, el *glamour* y lo chic. Y aún continúa haciéndolo hoy día porque..., ¿lo sabemos todo sobre el bolso Kelly que ella utilizaba para ocultar el embarazo de superCarolina? ¿Qué sabemos, realmente, de los estampados de sus trajes, enormes, pequeños, medianos o supergráficos, que se ven una y otra vez repetidos en las colecciones de cada año? ¿Y de su moño? ¿Qué hay de verdad en ese moño, que muchos dicen es el favorito de las mujeres con tendencia a la calvicie? Por no hablar de su ninfomanía hollywoodiense y de su alcoholismo monegasco, ella, que según algunos biógrafos, inventó el eufemismo *drinking problem* para evitar lo *camp* de la expresión pedo total. Pues... era de Filadelfia, fíjese. Toda ella. Y, sin embargo, supo entender ese significado muy Pan American Airlines de «lo mejor de dos mundos». Que en realidad viene a decir: «No, querido, lo mejor de un mundo. Del que provengo: Estados Unidos».

El *glamour* es una nueva arma de la CIA, se lo aseguro. Y dejar al descubierto esta forma de invasión yanqui es el propósito secreto del presente libro. Una amiga mía me advirtió: «sin embargo, hay que reconocer que la elegancia es europea». Ah, querida, sí, pero la elegancia corre el peligro de anquilosarse. El *glamour* siempre vende todo lo contrario: que puede modificarse, alterarse voluntariamente, reciclarse. La elegancia responde a reglas; el *glamour,* a impulsos. Grace, Jackie, Wallis, las divas de la MGM (de las cuales Grace fue también exportación; de hecho la cobertura de su boda es uno de los primeros intentos de la gran productora por abrirse paso y entender a su peor enemigo, la televisión) y las prendas que facilitan la consecución del *glamour,* generalmente tienen una inspiración americana. Las gafas de sol..., más California no pueden ser, aunque su diseño tenga origen en las usadas por los pilotos. Pero vayamos más allá: ¿hacia dónde volaban esos pilotos, sino de un lado a otro del Atlántico norte? El gran bolso, el coche descapotable, el sube y baja de las faldas, el ajetreo del día a día pero sin perder la compostura, ese concepto de saber viajar del día hacia la noche sin parecer nunca desmadejada..., todo esto tiene naturaleza norteamericana. Y por ello insisto, el *glamour* es la última arma secreta de los Estados Unidos para conseguir su sueño más íntimo, la conquista de Europa. Precisemos. En América no existe mejor halago que considerar algo o alguien como «europeo». *It's so european,* es como si dijeran: «Hija mía, has nacido para ser reina». Pero tras ese halago se esconde la nunca reconocida vergüenza del yanqui por no ser creador del Parnaso, del Coliseo o de la Torre Eiffel. El yanqui, por contra, le ha dado a ese Parnaso, a ese Coliseo y a esa torre Eiffel una juventud eterna, pero que como todas las juventudes eternas, es falsa, operada e intervenida por cirujanos, algunas veces, del mal gusto. Por eso el *glamour* es americano. La ostentación es el disfraz de su primitivismo joven e iletrado; el precio a pagar por sus sólo 224 años de historia triunfadora.

Pero esto es aún más diabólico: Europa y América «pese a esta diferencia de edades» jamás podrán enfrentarse. El *glamour* se apoya en la elegancia y el talento europeos. Y la elegancia europea a su vez necesita la vitalidad juvenil del *glamour* americano. Y América es experta en reconocer debilidades. Y un ejemplo perfecto de esta aseveración es Marlene Dietrich (Berlín, 1901-París, 1992). Alemana y actriz de la UFA (que, además de regordeta, se apropiaba de los vestuarios de las obras en las que intervenía), la Dietrich se convierte en Reina *Glamour* gracias al pulido que Hollywood le hace adelgazándola, iluminándola mejor y afianzándole los pómulos que una generación entera imitaría. Y, por supuesto, asegurándose de que los vestuarios siempre pertenecerían a la productora. Y al final de su vida, Dietrich —repleta de lentejuelas, visones, Las Vegas, Manhattan y todo Hollywood— se encierra en su piso de París. La Emperatriz del *Glamour* regresa a Europa y cierra el círculo. Naces elegante, te haces *glamourosa* y mueres elegante. En París.

El propio logotipo del dólar, nuestro Dios, es más *glamouroso* y *fashion,* por soberbio y vulgar, que el euro, siempre con problemas de crecimiento y de diseño (y llámeme euroescéptico si quiere). El último maquillador que he conocido durante una agotadora sesión de fotos apareció con todos sus productos en una bolsa de tela decorada con la s doblemente cruzada. «Es mi símbolo», me dijo, y pensé cuan lógica es la moda a veces. Y cuan cruda. *In God We Trust,* no lo olvide nunca, son las cuatro palabras que se esconden detrás de nuestro mantra: *glamour.*

Este maquillador, Servando, de origen francés, no dejó de atrapar mi atención durante toda la sesión. Los maquilladores son una especie que cada vez me atrae más. Porque se les desprecia con gran injusticia. Los colectivos *gays,* que son tan intransigentes, los ven como lo peor y lo más bajo del loquerío. Y eso no es así. No creo que exista ni lo peor ni lo mejor en este mundo. Creo en las excepciones y, como diría Nati Abascal, por eso sólo conozco gente excepcional. Volviendo a los maquilladores, pienso que mi nueva inclinación por ellos tal vez se deba a que todos tienen algo de diva. Los hay con más o menos «actitud»; lo que Cindy Crawford llama *attitude* y que es una palabra que las revistas gringas de moda se inventaron hacia los sesenta (de nuevo, gracias a la influencia de Madame Vreeland, que seguramente detestaba la palabra) y que viene a decir algo así: cada uno tiene una personita dentro que decide cómo mover los brazos, alzar la barbilla y disparar los ojos para, de este modo, crear una pose, un gesto, un no-sé-qué que pasa a llamarse «actitud». Bueno, los maquilladores son grandes sabios de esta filosofía. Este último, del que tanto deseo hablarles, Servando, llegó tarde a la sesión, ciertamente porque hubo un malentendido en la producción y se creyó que yo, con más actitud que nadie, venía con mi propio maquillador. Y nada más alejado de la verdad: una auténtica estrella tiene que enfrentarse a la sorpresa. Recuperemos la frase de Flotats: «No dejes nunca de agradecer el descubrir algo nuevo.» Bien. Servando llegó apresurado y con una mirada divertida, como de niño genio que sabe que se le ha llamado a última hora pero que es tan bueno y positivo que no va a montar ningún número por este percance. Porque, claro, los maquilladores se consideran a sí mismos artistas, y artistas muy solicitados. Servando lo será después de que lea esto. Apareció, pues, con una camiseta sin mangas; mostrando unos brazos semiadolescentes; el pelo recogido en esa especie de pañuelo-servilleta que Rociíto ha impuesto como moda, pero que pertenece al universo Rave (esas aglomeraciones musicales salpicadas de nuevas sustancias químicas que causan furor desde Ibiza a la Pampa argentina), aunque yo creo que esta moda tiene su origen en los pañuelos sin colores fuertes que usaba la princesa Ana de Inglaterra cuando fue medio mona y vivía encima de un caballo saltando obstáculos sin cesar. Pero lo que quiero contarle son los pantalones de Servando. Por Dios, lector, no permita que me extravíe en mis elucubraciones. Bien. Eran vaqueros, perfectamente rotos y perfectamente deslizándose hacia abajo de su cadera para mostrar el impecable elástico de sus calzoncillos, donde, cómo no, podías leer nítidamente las dos palabras más clásicas del mundo *attitude:* Calvin Klein. «Uy, qué anticuado, eso es lo más 92 que he escuchado en mi vida», me dijo un amigo cuando llamé desde mi móvil para comentárselo. «Típico de maquilladora con ganas de impresionar a una estrella televisiva». Y desde luego, Servando lo consiguió en mi caso: de inmediato supe que era un infiltrado de la CIA. A continuación se inició ese inefable intercambio de frases entre maquillado y maquillador; esa especie de código que el resto del mundo jamás entendería.

—¿Es *glam* o no es *glam?* —pregunta Servando a la asistenta del fotógrafo.

—Boris es más bien clásico.

—Divino, ¿clásico pero no aburrido, no? —vuelve a preguntar Servando con una súper calculadamente espontánea sonrisa al final de la frase.

—Limpio —afirmo yo, devolviendo una súper calculadamente espontánea sonrisa.

—Comprendo —cierra diálogo Servando, sacando las bolsas con el dólar.

Cada vez que asisto a una sesión fotográfica o a cualquier evento que requiere maquillaje, me mojo los labios esperando este intercambio de información casi subliminal. Luego viene un silencio, porque los maquilladores tienen un concepto de sí mismos como de curadores, y luego te dan unos masajitos sobre las sienes, mientras te hablan a través del espejo.

—No tengo tiempo de ver tu programa todas las noches, pero... estuviste genial con Sáenz de Buruaga cuando lo besaste. Bravo —me lo han dicho muchas veces. Los maquilladores tienen profundas creencias políticas y ven en mí a una especie de Pasionaria de lo *gay*, lo digo sin ningún tapujo. Sí, sí, porque asumen que yo revalido cosas que para ellos son muy importantes, como el cuidado de la piel, el sentirse bien, el ofrecer tu mejor imagen, y sobre todo el apreciar un buen maquillaje tanto en una mujer que adores, como la Preysler, o en otra que detestes, como Mar Flores, que sin duda va siempre divinamente maquillada.

—Me encanta cómo le estás enseñando a España que ser *gay* no es horrible —agregan con frecuencia—. Hay que ser auténtico. La gente es tan falsa, de verdad —concluyen, mientras yo sonrío en la silla y voy cerrando los ojos para que empiecen a aplicar sus productos. Confieso que es de los pocos momentos en que de verdad me relajo y confío en la humanidad. Entonces se inicia todo ese deambular que hacen con sus dedos sobre tu rostro. Porque no he conocido un solo maquillador/a que no haga este bailecito de yemas que luego se acompaña de ese gestito de agitar los dedos sobre sus baúles, cajas o bolsas de productos como creando un pequeño hechizo que «produzca» el cosmético buscado. Es mucha mariconada, desde luego, pero son cosas que me encantan y que poseen su propio *glamour* y que nadie se sienta a reconocer. La labor del maquillador es tan poco apreciada en los medios de comunicación, como casi la del guionista, le diría. Y quizá por haberme ganado la vida como lo segundo entiendo tanto las vicisitudes de los primeros.

—¿Has vuelto a tu país? —me preguntan cuando empiezan a cubrir los defectos, quizá para ofrecerme un tema de conversación que me evite ver el delicado proceso. Y la cagan, porque no hay nada que me ponga más nervioso que hablar de mi país, que ya no lo es.

—He ido a la boda de mi hermana... —respondo.

—Oh, he oído que tiene una piel maravillosa. Porque si la tuya es bárbara a pesar de la barba, la de ella...

—Increíble —afirmo continuamente—. Mi madre nos ha dejado una espléndida herencia —y esto nunca sé si lo entienden como referido a la piel o a bienes raíces, plantaciones o vaya usted a saber qué cosa *glamourosa*.

Después de las correcciones, que en mi caso, confieso, son: a) ojeras, porque trasnocho; b) granos, de mis excesos con el chocolate y el alcohol, una mezcla fatal a la que le debo mis irreducibles michelines, y c) brillos en la nariz, a causa de demasiados puntos negros por poca disciplina de faciales extremos. Después de todo esto, viene la parte personal, esos truquitos que cada cual tiene. Imagino que Obregón, Mar y Preysler tendrán muchísimos. Yo sólo tengo una preocupación y es mis ojos. Tengo una especie de adicción al rímel. Le diré cómo empezó: fue haciendo unos reportajes para un programa de Telemadrid. Yo iba al sitio de la entrevista con cierta puntualidad y buscaba con la mirada un aseo. Lo localizaba, me sumergía en su interior, abría mi estuchito de polvos y me pasaba la esponjita por la barba y el bigote para eliminarlos: nunca fotografían bien, sobre todo si tienes una piel tan seca y aún sin arrugas como la mía. Y era entonces cuando sacaba el tubito de rímel y... me volvía loco. Además, siempre tengo la sensación de que existe un producto que me pueda dejar las pestañas aún mas espesas y largas, pero que todavía no lo he encontrado. Y la verdad es que he nacido con muy buenas pestañas, pero ¿qué le voy a hacer? Soy esclavo del pestañazo.

En mis sesiones de maquillaje, que disfruto ahora gracias a mi estatus de *tvstar*, exijo el rímel. Y si son mujeres las que me maquillan, siempre me preguntan: ¿transparente o negro? Negro, por supuesto. Detesto el rímel transparente, creo que es algo tan absurdo como una braga de plástico, si se me permite la rudeza. El verdadero rímel es negro, potente, untuoso, aterciopelado, recorre bien esas pestañas y las recicla, las renueva. Me encanta ir a El Corte Inglés y comprarlo. Antes, cuando no era tan conocido, se formaban auténticas escenas:

—Pobre, con lo guapo que es, y tan mariquita —oía decir a las vendedoras.

Ahora vienen en tropel a mostrarme nuevos descubrimientos en el siempre cambiante universo del rímel. Desde luego, los grandes avances son norteamericanos, y eso me hace ceñirme aún más en mis creencias de que el *glamour* es la última conquista americana a nuestro continente.

Reconozcámoslo: los *marines* que desembarcaron en Normandía no sólo ayudaron a Europa con sus Thompson calibre 45. Escondidos en sus trajes de campaña llevaban los tubos de rímel con los que cambiarían las pestañas de Occidente. Recuerdo que cuando era niño y competía en mi equipo de natación, había un compañero que se ponía rímel sin que tuviera mucha pluma. Sí, sí... sacaba su pincel y se lo aplicaba; a continuación se colocaba el gorro; luego esas insólitas gafas de los nadadores, los *goggles,* y salía a competir por Venezuela. En verano hasta he llevado a las fiestas con piscina mi *waterproof* máscara (rímel a prueba de agua) y me la he colocado así con disimulo y, claro, estás todo el tiempo en plan Esther Williams, que, como se sabe, fue la descubridora de esta importantísima arma de seducción. Bueno, y del bañador de lujo y también del que hoy por hoy es el bañador oficial de la *US Navy.* Esther Williams es un capítulo aparte de este mundo *glamour,* porque lo que ella convirtió en arte es una de las cosas más profundamente *glamourosas* por su inutilidad, su absurdo y su inofensiva abstracción: el ballet acuático. Todas sus películas giran en torno a una coreografía perfectamente guionizada y acuática que enloqueció a masas y masas de fervientes espectadores. Hoy son clásicos del *camp*, la hermana mayor y universitaria del *glamour*, pero en su momento, en su estreno, fueron vitoreadas como hoy lo son las películas de acción trepidante. Pero usted las ve, y se da cuenta de que tienen un argumento clarísimo y de que cada número musical le deja con ganas de otro. Y Esther nada que te nada, con unas brazadas que ella misma inventó para dar forma a ese estado de elegancia subrayadamente artificial. Y luego, claro, el punto final, el sello definitivo del estilo Esther Williams: esas emergidas suyas, disparada como la última gota de un géiser gigante, girando sobre un manantial de furioso potencial o una línea de veloces sirenas de *water ski*, y ella, Esther, la diosa, con la sonrisa flagrante y los ojos perfectamente cubiertos del rímel a prueba de agua y sus pupilas completamente abiertas para que el mundo supiera que el desafío lleva nombre de mujer y, cómo no, de mujer norteamericana. Norteamericana.

Capítulo VI

Liz Taylor, Cleopatra
supervivIente de aeropuertos

Qué vulgares han devenido los aeropuertos. Cuando veo en televisión esa película de Liz Taylor y Burton, *Los VIPS*, que sucede toda entre pasillo y pasillo de aeropuertos, me doy cuenta de que Barajas, Heathrow y Charles de Gaulle son tristes escenografías que cobijan bajo sus espacios una humanidad cada vez más igualada y por ello vulgar. Viajar ha perdido su *glamour*. Es un hábito que se ha vuelto indolente, cuando en realidad es una de las grandes conquistas del hombre: el hecho de partir de un punto y aparecer en otro, la movilización permanente, que, además, es un don muy importante en el universo chic. Una persona con *glamour* siempre está en permanente movimiento, nunca se encuentra detenida. Lo mismo sucede al icono *fashion* y al mito famoso. Se mueve, se desplaza, nunca se le puede tocar. Es lo que en su libro *Jackie, bajo mi piel*, Wayne Koestenbaum sostiene sobre la Eterna Primera Dama: nunca está quieta, ni siquiera en las fotografías, siempre está acercándose a alguien o separándose, se mueve porque algo más fuerte que la gravedad la impulsa. Y ese algo no es otra cosa que el poder de la fama, el poder de saberse observada, de ir siempre adelante en una perenne fuga de lo ordinario.

Por eso viajar resulta esencial para mi libro. Y desde estas páginas lamento que se haya convertido en un hecho tan básico. Coger un avión siempre tiene que ser un evento, incluso si se hace a diario. Por ejemplo, en mi cohabitación Barcelona-Madrid, viajar llegó a ser para mí ese terrorífico puente aéreo, que durante el mandato del ministro Arias Salgado ni fue puente ni, en realidad, fue aéreo. Sin embargo, cada vez que tomaba uno de estos aviones, me preparaba mentalmente para un gran acontecimiento: el acontecimiento de viajar que, según Lucía Bosé, requiere que uno siempre se comporte como si lo estuviera viviendo por primera vez y, al estilo Flotats, te reportase una gran sorpresa. «Pero, qué chorrada, si el puente aéreo es lo más normal del mundo», me han dicho algunos. No, no, ningún viaje aéreo es normal. Ningún viaje en general puede calificarse de normal. Nada, en realidad, debe ser normal. Y es triste que viajar se haya reducido a una acción más para encontrar el bien material.

Hablemos un poco de la *jet set*. A pesar de su gran nombre, está herida de muerte desde que el *Hola* prefirió mirar hacia Rociíto y sus devaneos con las fuerzas de seguridad. Pero el *Hola* no está sola en este reciclaje tan extraño. El propio ser *glamouroso* es culpable de su defenestración al dejarse tentar por los grandes medios de comunicación para transmitir su sabiduría. *Verbatim*, esas biografías de mitos *Hola*, como la de Carmen Martínez Bordiú, donde las divas van desgranando sus minúsculas tragedias a fin de otorgar a sus vidas privilegiadas ese parco punto de dolor, ese diminuto sufrimiento que supuestamente calma a la mediocre ama de casa a quien va dirigido, en su ficticia realidad, el siguiente mensaje: «Lo mejor es quedarse en casa para que no te pase nada malo». Este empeño de las figuras del *glamour* en adquirir algo más de *glamour* ratifica la confusión inherente a este universo y a esta palabra. El *glamour* no debería prestarse a explicaciones, y mucho menos a conseguir prestigio. El *glamour* tiene que ser un disparate, una perenne locura, una huida hacia adelante, bien de la rigidez familiar o incluso de su propia vulgaridad.

Viajar ha perdido su esencia selectiva y la misma palabra *glamour* se ha convertido en término de repugnante frecuencia desde hace veinte años; sin duda, gracias al advenimiento de la década más falsa, contradictoria y siempre aparentemente vacía de nuestra historia: la de los ochenta. A partir del año 84 todo lo que brillara un poco, o pasara cómodamente de la norma, es decir, sin violencia ni sangrantes descubrimientos, era considerado *glamouroso*. Algunos historiadores de esta palabra insisten en que su uso, al menos en España, no comenzó a ser completamente público hasta los inicios de los noventa. En estos casi veinte años, el significado de *glamour* se ha roto, recompuesto a partir de sus propios añicos y vuelto a quebrar, *again and again*. En el proceso, todo aquel que ha deseado adjudicárselo, lo ha hecho. Empezando por los personajes de la movida madrileña, con el clan Almodóvar a la cabeza, pasando por algún que otro peinado de Julia Otero o de Rocío Jurado, hasta terminar en quien esto escribe. Y todos los nombrados, de alguna u otra manera, hemos creído formar parte de una *jet set*, cada vez más ligera en cuanto a sus restricciones y cada vez más complaciente ante el efecto aniquilador y desplazante de la fama, el último poder del siglo XX y el primero del nuevo milenio.

La fama ha asesinado a la *jet set*. Y, claro, también al tiempo y al destino. Muertos María Callas, Onassis y la Kennedy Jacqueline, Diana y Versace, no quedan figuras de esa tribu cuyo difícil arte era saber estar cada trimestre en un punto distinto del planeta; cuyo difícil arte consistía en saber bajar y subir de un avión y hacer brillar cada aeropuerto. Y es que los aeropuertos, como el Hollywood de la MGM, no han soportado su lucha contra el paso del tiempo. La belleza física no ha logrado vencer la dictadura de la juventud. Y en este sentido, el *glamour* se ha transmutado en esclavo del márketing. La mejor línea divisoria entre *glamour* y estilo es la edad. Estás obligado a ser lo primero hasta los cuarenta y tantos, a partir de ahí lo único que mejorará con el tiempo será lo segundo, el estilo. Y una vez que encuentras el camino del estilo, se inicia el todavía más largo y conspicuo camino hasta conseguir elevarte a la naturaleza de icono, de leyenda, y, por fin, de mito inmortal.

Hablemos por un instante, en este recorrido, de Liz Taylor. Es la gran superviviente y la única persona en nuestra contemporaneidad que ha visto pasar ante sí los cadáveres de amigos y enemigos, de mitos y simulacros. Liz ha sido más longeva que cuatro papas al menos. De sus compañeras de trabajo en *Culver City*, ella ha presenciado la desaparición de casi todas y, además, la Taylor continúa tan campante. Apoya la lucha contra el sida, precisamente a raíz de la muerte de su amigo Rock Hudson. Y, por si fuera poco, sigue vivamente los pormenores del juicio a O. J. Simpson, el ex jugador de fútbol que seguramente sí asesinó a su ex esposa, Nicole, y a un pobre camarero, Ronnie, que pasaba a devolverle unos pendientes a la estrangulada cuya muerte sigue sin encontrar su culpable. En el extraordinario libro de Dominick Dunne, *Another City, not my own,* sobre este juicio —un juicio que ha sacudido y reactivado los fantasmas de la guerra de Secesión en el primer país del mundo—, el escritor nos cuenta cómo Elizabeth Taylor lo recibe todos los domingos durante el juicio para comentar con ella los pormenores del mismo. En una ocasión, Liz, el mito convertido en la última gran dama de Hollywood, se encontró con el dilema de tener que asistir a un homenaje a uno de sus más fieles abogados, donde iba a coincidir inevitablemente con el más odiado y vilipendiado de los defensores de Simpson. Dunne, el autor, le recrimina que asista y Taylor explica (siempre con esa vocecita de estrella infantil que al parecer sufre mucho cuando algo grave sucede en su entorno más íntimo) que no puede decepcionar a su abogado; el abogado que en su momento gestionó los seguros del mítico diamante Krupp: el diamante que Richard Burton le regaló durante el matrimonio que marcó la década de los sesenta. Desde luego que es un dilema difícil para el ser humano y para Liz, en concreto, acudir o no a ese homenaje en medio de la tormenta O. J. Simpson que terminaría por envolverla, de la misma manera que el huracán sobre Arkansas atrapa a Dorothy y la obliga a seguir el *yellow brick road*. Dunne, el autor que también fue guionista y productor de cine (su última película, precisamente, es *Miércoles de ceniza*, una extraña y bella cinta donde Liz, nuestra Liz, se somete a una operación de cirugía estética, con la que se abren los créditos del filme); Dunne, pues, resuelve la situación con una lógica propia de persona vinculada a la creación de ficciones. «Liz, no puedes ir y permitirles a los defensores de Simpson que se fotografíen con la mujer más famosa de la tierra. Lo que tienes que hacer es ingresar en uno de los hospitales o centros de desintoxicación, donde siempre vas.» Liz no mueve ni una pestaña. «Pero, por una vez, estoy completamente sana», espeta. «Pues vas a una revisión. Y desde esa *suite* de clínica de lujo, grabas un vídeo agradeciéndole al homenajeado toda la felicidad que te ha ofrecido a lo largo de tu coexistencia con el diamante más famoso de la tierra.» Liz, fiel amiga, según todos sus biógrafos, ejecutó cada detalle de la idea, incluyendo maquillador y peluquero para la «revisión-vídeo-homenaje». Y los abogados de la insólita defensa al criminal, por ese entonces también más famoso de la tierra, se quedaron sin su fotografía junto a Liz Taylor.

Hay miles de aspectos sobre esta leyenda que me fascinan. Durante el reinado de Camelot (los mil días de presidencia de JFK, es decir, el tiempo en que Jackie Kennedy fue la Primera Dama), los *tabloids* (periódicos sensacionalistas) generaron una rivalidad entre las dos grandes reinas del país, Liz y Jackie; dos mujeres que representaron la iconografía de una generación y el surgimiento femenino como espíritu de una nación moderna: uno de los elementos sociológicos más interesantes del *glamour.* No creo que en ese período hayan coincidido muchas veces ambas mujeres, pero verlas en los papeles confería a la nación de la hamburguesa un aire de *grandeur*. Una, Super Jackie, la esencia de la perfección femenina. La otra, Mega Liz (prototipo de la Mega Perra, según la teoría que se desarrollará en el capítulo XIII), viuda antes de los treinta, estrella, destroza hogares (le quitó el marido, Eddie Fisher, a su mejor amiga, Debbie Reynolds, para canjearlo después por Richard Burton). Juntas ofrecían los dos ingredientes del *glamour:* elegancia y compromiso, por un lado, y despropósito, exceso y vulgaridad, por otro.

Para mantener este *show,* las dos orquestaron cuidadosamente sus movimientos. Y no sería hasta el ocaso de los setenta cuando empezaran a cruzar fugazmente saludos en el torbellino de drogas y democracia llamado Studio 54. Jackie (delgada y con ese gesto de perenne susto que tan maravillosamente desarrolló tras la muerte de Onassis) y Liz, gordísima, con los ojos violetas bañados de cocaína y de qualudes (una anfetamina muy loca), se han transformado, evidentemente, en caricaturas de sí mismas. Pero, no se asuste, lector. Unos años después, las reinas avefénicas recuperan sus improntas. Jackie: abuela feliz, aunque el cáncer la sorprendiera un terrible invierno, que aún lloramos. Liz: Mega Protectora de los enfermos de sida de todo el mundo. El secreto del auténtico saber estar: transformarse, devenir, dejarse llevar a la ida y a la vuelta. Nunca parar.

En un concierto en Wembley (durante el año 92, para recaudar fondos en la lucha contra el sida), entre David Bowie, Elton John y Annie Lennox, Liz Taylor desató la más estruendosa ovación. Iba vestida con un Versace donde su propio rostro, inmortalizado por el cuadro de Warhol, se repetía a lo largo de un tejido tecnológico. Allí estaba la verdadera mujer, es decir, la que respira nuestro oxígeno, debajo de un imposible peinado. Y ante el grito de un espontáneo que le pregunta desde la vulgar oscuridad si ella utiliza condones, la voz de niña hecha leyenda responde un categórico y divinísimo *«Yes, I do and always will»* que estremece los cimientos de una audiencia y que deja al descubierto en ese breve instante todo el poder, inmediato y fascinante, de la fama y el mito. Liz es grande; es moderna; ha sabido llevar hasta el extremo la máxima de que para ser lo que deseas debes acostumbrarte a desatar todas tus bestias.

Regresando a lo vulgares que se han vuelto los aeropuertos, también nosotros nos hemos familiarizado demasiado con la fama. In extremis. Consumimos fama como consumimos carne. Pero al mismo tiempo, continúa siendo un ingrediente maravilloso que no pierde su sabor. Y todos, al menos un segundo, y ese segundo pesa mucho, hemos deseado probarlo.

Cuando más de diez personas te reconocen en la calle, sabes que tu vida ha cambiado. Y lo que es peor, no se sabe por cuánto tiempo. De cualquier forma, la duración de la fama está hoy día alimentada por los flecos más pobres de aquella *jet set* internacional. En primer lugar, siempre se ven los mismos famosos. En segundo, cada vez es más fácil hacerse famoso y, por ende, cada vez es más flexible el rasero que mide la fama. Este punto es hartamente interesante como fenómeno de nuestro tiempo. Necesitamos consumir. Ésa es una verdad incuestionable. Necesitamos consumir, y así como cada vez hay más tomates y lechugas, pescado y aves de toda clase en nuestros supermercados, también hay más tipos de famosos y cada uno con su estilo más o menos de primera, segunda o tercera categoría. Se puede conseguir la fama por permanecer encerrado noventa días en una casa durante un concurso de televisión, o por protagonizar la película que mueve todos los esquemas de esa temporada, o por cometer el crimen más espantoso. Necesitamos todos los días ver una cierta dosis de fama, porque, como ya he dicho antes, es la última gran droga del nuevo siglo.

Esta urgencia de fama ha cambiado las reglas del juego social. Todo el mundo reclama una celebridad en su mesa, y la máquina, a veces hábilmente oculta, de generación de famosos no cesa en su trajinar. Produce y produce y produce. Y así más y más cenas cuentan con un famoso. De nuevo, la *jet set,* aquella organización de poderosos, se ha quedado estancada. Y ya sabemos la regla numero uno del *glamour:* no te anquiloses, muévete antes de que te muevan. Por eso insisto en que no debemos caer nunca en el error de desprestigiar a ese imparable contingente de recién llegados. Hay que repetir ante el nuevo rico y ante el neofamoso la inmortal frase de *Il Gatoppardo:* Que todo cambie, para que todo siga igual. En el devenir de los tiempos, la *jet set* muerta y enterrada, renacerá, y serán los envejecidos Ismaeles y Anyas de este siglo los que de alguna manera habrán germinado la semilla para mantener viva la esperanza de club de seleccionados.

Nada cambia, pues. Todo permanece. En cierto sentido, aquellos primeros inspiradores de la *jet set* no hacían mucho con sus vidas. Fitzgerald y Hemingway, sí cambiaron el tono de la literatura, sobre todo, si se me permite, Fitzgerald. Pero Gertrude Stein era, más que otra cosa, una sabia anfitriona. Y luego, en el apogeo de princesas, divas de ópera y primeras damas o grandes estrellas del cine que poblaron los aeropuertos del mundo, también hubo muchas herederas con turbulencia en la caja fuerte (Cristina Onassis y Günther Sachs, *dixit)* que se avenían divinamente al proverbio inventado por Warhol de famosos simplemente por ser famosos. Nada ha cambiado, ni cambiará, que es otra de las razones por la cual el *glamour* está siempre más cerca de la derecha conservadora que de las revoluciones de izquierdas.

Y, puestos a pensar, qué sabia resulta también la frase que cierra la verdad inicial de este libro: que el *glamour* es un arma secreta de la CIA para conquistar a la vieja Europa. En efecto, los europeos hemos aceptado la imposición del *glamour* creyendo que es un guiño que nos hacían tanto Hollywood como su bastarda creación, la televisión, o la prensa del corazón (una industria, por cierto, muy afianzada en los países latinos de nuestro continente, pero que, como en el caso de *Hola,* por ejemplo, una vez más, tienen su origen en las fascinantes revistas de comentarios sobre Hollywood, precisamente creadas por los grandes magnates de la prensa estadounidense ante el crecimiento del filón «fanático», que luego el pop convertiría en simple *fan).* Pero no nos engañemos. El *glamour* ha llegado a nuestras orillas para horadar precisamente nuestras creencias, para hacernos más cambiantes, para acostumbrarnos a esa idea de modernidad y comodidad que EE. UU. emplea como égida cultural. Sophia Loren, es, por ejemplo, mucho más *glamourosa* porque tiene un Oscar y lo guarda en su casa de Ginebra y ha sabido envejecer como una sabia creación de sí misma; mientras que su contemporánea italiana Pier Angeli no supo resistir a la maquinaria hollywoodiense y se lanzó por la primera ventana que pudo. Pero, ya lo hemos dicho antes, la tragedia es también ingrediente importante del *glamour,* y por ahora deberíamos rebobinar al rímel antiagua de Esther Williams y pensar que el universo *glamour* siempre sonríe y continúa adelante bien sea en medio de tifones tropicales o bajo la serena, y perversa, quietud de los Alpes franceses. En cualquier orilla donde nos encontremos, siempre sabremos que el *glamour* es en sí mismo una buena mentira en la que creer y el secreto talismán para acceder a lo mejor de dos mundos. El de verdad y el que nos inventamos cada día.

CAPÍTULO VII

¿EL MUNDO *GAY* ES INMUNE A LA VULGARIDAD?

Si me permite una respuesta rápida, no.

Siempre se ha creído que lo *gay* (y en este caso muy particular, los homosexuales masculinos, seguramente por esa vieja y machista visión de que somos más femeninos y más sensibles) está cubierto de una capa de *glamour* y superbuén gusto que lo diferencia de los demás. Si usted decide pasear por uno de los «paraísos *gays*» de algunas ciudades, descubrirá que el rasgo más definitorio del estilo *gay* es el derroche de nociones sobre buen gusto aprendidas a través de la MTV o de revistas femeninas de moda. Nunca es un estilo absolutamente individual, sino más bien masivo y que, de tan poca personalidad, termina por tener ese manto bajo el cual cobijarse y seguir sosteniendo el trauma homosexual de ser diferente sin saber muy bien por qué coño se es tan diferente.

Me preocupan los barrios *gays*, pero, entiéndame, no por el rollo gueto y todo eso. Por favor, todo en la vida es un gueto: los trabajos, los platós de televisión, el Opus

Dei, las sociedades bancarias, la propia heterosexualidad son guetos. Lo que me horroriza del barrio *gay* es su aspecto de Disneylandia. Castro, en San Francisco, es como un parque temático, donde observas todas las fantasías de *gay* liberado. Las tiendas de sadomasoquismo, las de pósters de estrellas hollywoodenses, las librerías con ese tono de calidez e intimismo, las cafeterías con hombres que tienen aspecto de portada de revista *gay* con desnudos dentro. Y todo el tiempo —en Castro, en el Marais, en Chueca— la noción que percibo es que todo el mundo está posando, a veces para un *spot* de Porcelanosa, pero en general para una marca de refrescos que quiere abrirse paso.

Los barrios *gays* me exasperan porque, al igual que sucede con la palabra *glamour,* no han logrado evitar que su transgresión no sea modificada, maquillada y utilizada por el *establishment* y su mano ejecutante más temible: el márketing. En una entrevista de «Informe Semanal», hace un año, sobre el auge de los *gay* como moda, oí decir a Alaska, mi incomparable Olvido, que le parecía bien que lo *gay* se aprovechara de su tirón comercial. Lo encontré optimista, pero no me parece cierto. Sinceramente, no creo que sea en ese orden el aprovechamiento. Creo que ha sido el mundo del márketing el que ha sabido encontrar un decorado, con personas y atuendos y una cierta pátina ideológica, de la cual medrar una vez más. Si lo ve con cierta cercanía, y con el apasionamiento debido, se dará cuenta de que lo que vende Chueca es sobre todo una imagen de una minoría que no logra tener un discurso político de peso, aparte del de la defensa del derecho individual, que es bastante peso, pero excesivamente expuesto a vaivenes de todo tipo. Y creo que todo esto puede escribirse en una disertación sobre el *glamour,* precisamente porque la defensa del *glamour* atraviesa los mismos senderos y peligros que el de la verdad *gay.* Están ambos, el *glamour* y lo *gay,* tan cubiertos de abstracción, que llegar al hueso de su recamada piel puede agotar al expedicionario.

Pero hay que intentarlo. El universo Chueca ofrece una imagen cada vez más peligrosamente limpia. Demasiado buen rollito, demasiado esfuerzo en disfrutar de la vida, en hacerla más tolerante, más armoniosa, más prácticamente como una eterna loa al espíritu Danone de mediados de los ochenta. Ese pacifismo entregado, locales «bellos», cuerpos depurados de toda molesta grasa, cafeterías donde contemplar la tarde acompañado de las revistas del movimiento..., todo esto me congestiona, lo siento. No creo en lo bucólico. Siempre me ha parecido más cercano a lo cursi que a otra cosa. Y eso es lo que más me atemoriza de la «revolución *gay*», que termine siendo analizada en el inmediato futuro como una andanada cursi de la que no supimos escapar.

Recuerde que soy colaborador habitual de la revista *Zero* y que defiendo continuamente esa colaboración porque me permite hablar como un hombre ampliamente ligado a mi sexualidad, al punto de creer que ella misma me ha conferido una visión particular del universo. Con toda la parafernalia comercial que gira en torno al movimiento *gay,* desde luego prefiero que mi visión le deba más cosas a mis películas y a mis padres y a las cosas estupendas y terribles que me han sucedido, que a los Chuecas del mundo.

Desearía poner punto final a esta pequeña polémica reconociendo que uno de mis mejores comentarios sobre el tema fue que el espíritu de Chueca y el espíritu de Ermua son contemporáneos. Vendrían gestándose desde hace mucho, pero fue a partir del 97 cuando encontraron su presencia en medios de comunicación masivos. Ahí está la ironía, no han tenido buena vejez. El espíritu de Ermua no ha podido contra la violencia en el País Vasco (y fuera de él) y el espíritu de Chueca no ha logrado resolver los prejuicios y contradicciones del ser homosexual. Se han dado, sin duda, grandes pasos gracias a los dos espíritus, pero lo ideal es que fueran menos espíritu y más carne.

Antes de seguir, le advierto que no estamos hablando aquí de una sexualidad. No, no y no. Estamos hablando del universo, el estilo, el *glamour*, el supuesto veto a la vulgaridad que algunos le adjudican al ser *gay*. Y no, de verdad. Nadie es inmune a la vulgaridad. Estoy harto, virulento quizás, de ese estereotipo que la sociedad tolerante, comprensiva, quiere infligir continuamente al homosexual masculino. «Qué divinos son, qué bien se visten, qué guapos, qué buenos amigos, qué solidarios.» ¡Fuera máscaras, no existe tal perfección! Sería terriblemente aburrido, tan pequeñoburgués por nuestra parte, como homosexuales, ser absolutamente maravillosos. Es pertenecer a un comercio, un eslogan de moda.

Por eso, en esta etapa de mi vida, soy varón dispuesto a todo. Y, por lo pronto, estoy por encima de la lucha idiota y manipuladora del sexo, convertida hoy en escaparate de refrescos, tiendas de decoración, pastillas para dormir. Es cierto que este acercamiento entre los varones *heteros* y *homos*, antiguos Montescos y Capuletos, permite el afianzamiento de la revolución masculina, que existe y la estamos viviendo. Sí, convivimos con una gestación masculina donde el macho acepta cada vez más sus condicionantes femeninos y terminará por afianzar aún más su poderío sobre la civilización, porque tendrá al final lo mejor de dos mundos. Pero a veces me asalta el miedo de que ese «amigo perfecto» para la mujer posfeminismo, que más de una vez somos los *gays* masculinos, termine por ser su peor enemigo; termine por ser el hombre que, empleando las armas y estrategias femeninas, y esa virtud de ser «amigo» y no « invasor», al final las trate como objetos, y ellas, a su vez, se entretengan reduciendo al varón tambien a objeto inofensivo. Todo esto, querido lector, que sobrevuela en el aire de los Chuecas del mundo, me atormenta, me quita el sueño y confunde mis sentidos. Cada día veo más lejos el momento en que lo *hetero* y lo *homo* dejen de ser referencia permanente. Hoy mismo, es gran moda, para hablarla y vivirla. Y tengo la sensación de que las dos palabras, *hetero* y *homo,* son nuevas coletillas. «Qué *hetero,* superhomo, me encanta», es una frase que oigo una y otra vez. «Soy muy *hetero,* pero me encantaría ser más *homo*», y no es cierto. Nadie se atreve nunca a cambiar su sexualidad. En realidad, nadie se atreve nunca a descubrirla a fondo.

Temo mucho al movimiento *gay* y lo que éste pueda hacer conmigo. No me gustaría prestarme a un entramado sucio y sin rostro reconocible. Me resulta altamente sospechoso que su auge suceda en momentos tan abiertamente derechistas de nuestras vidas políticas. Al principio es como una ironía, como una risa, una supuesta rebeldía hábilmente encubierta. Con el paso de los días, y a medida que la propia derecha se coloca hábilmente en el centro absoluto y dominador, esta rebeldía deja de ser tal. Siempre he defendido asumir mi homosexualidad para poder hablar de otras cosas y reducir mi condición a poco más que una afirmación. Ahora, de seguir envuelto en la defensa del movimiento, mucho me temo que terminaré sentado en el despacho de Ana Botella en Moncloa, en calidad de «*gay* favorito», afirmando vivamente sus criterios decorativos y considerándola una gran amiga y una defensora de nuestras causas.

Ya que hablamos de homosexualidad masculina, porque la femenina merece otro libro, detengámonos en los hombres españoles. Según Leopoldo Alas, La Madrina y otros amigos, el varón español no se acuesta ni con su mujer ni con otro hombre, si antes no está excesivamente estimulado. Es decir, acudes a un bar, de Chueca o de Sevilla o del País Vasco, donde, por cierto, todo es más silencioso, y encuentras esa mirada que no se aparta de ti. Se habla, siempre con esos mohínes y dejes que el movimiento *gay* considera masculinizadores, pero que desde luego no son viriles. Ese diálogo entrecortado, ese codo apoyado en la barra y la otra mano sujetando el cubata, y pequeños sorbos, directos, con el labio bien plantado en el vaso para no parecer una bobita que acude a su primer ligue. Piernas rectas y pies cruzados, uno sobre el otro, para evitar que por los meñiques escape esa pluma non grata en el mundo *gay* actual. Hay un intercambio de nombres, dónde se trabaja, por qué se está allí y tal, y empieza el vía crucis de la ingesta alcohólica. Y con los *gin tonics,* dependiendo del hombre seleccionado, pueden venir más productos estimulantes o no. Pero el tema del alcohol me alucina. Porque vas por el noveno *gin tonic* y todavía estás allí en una barra similar a la del primer cubata o en otro sitio, con otro tipo de gente, pero con el mismo tío esperando ese anhelado «vamos a la cama ya», que no llega ni en la disco, ni en el *after,* ni en el *after del after del after.* De pronto, como a las seis de la tarde del día siguiente, crees que por fin vas a follar, y suceden las terribles alternativas: *a)* si logras ir a la cama, estás tan desesperado por no fallar, que te paraliza pensar que sea un polvo más y no el del verano o del invierno más importante de tu vida; *b)* los dos se cansan de esperar ese momento de sexo y cada uno se va a su casa a hacerse una paja monumental para liberar la tensión y los *gin tonics* acumulados.

Conclusión: la vida sexual masculina española, igual que antes y ayer, está completamente esclavizada al onanismo. El hombre español tiene miedo al sexo, querido lector. Y no importa que sea *hetero* u *homo.* Su única confianza es la propia.

Los hombres, ya lo sabe bien, querido lector, son un coñazo. ¿No le apetece hablar de antigüedades? Soy un entusiasta de las antigüedades, pero como ya le he explicado, mi personalidad se gestó en los ochenta y, por lo tanto, creo en la antigüedad de la primera mitad de este siglo, y ya puestos, creo a veces en las hombreras y las bolas disco de los setenta y ochenta. De hecho, lo maravilloso de asistir al *glamour* de un fin de siglo es comprobar que hasta el último minuto vivido forma parte de nuestro pasado, y que su inmediatez, fagocitadora de todo presente, es prácticamente el único combustible que nos queda para seguir creyendo en el futuro.

Sobre las antigüedades, confieso que mi colegio americano —ése de los expulsados de colegios de varias partes del mundo— quedaba precisamente en un pueblecito de Pensilvania, New Hope (nunca hubo mejor nombre para un pueblo, Nueva Esperanza), conocido entre cierto tipo de *gay* treintañero de Nueva York. Cada domingo acudían en masa todo tipo de varones; desde las primeras musculocas de la historia, con sus camisetas rotas por ellos mismos (al contrario de las de ahora, que ya vienen rotas por grandes diseñadores), y pantalones vaqueros de profundo azul denim, hasta los dentistas de éxito con sus camisas y *sweaters* de *cashmere* y un chico muy joven al lado meciéndose el cabello a lo Carmina Ordóñez. Entraban y salían de las tiendas alineadas en la calle céntrica del pueblo y aparecían en los restaurantes semivacíos que en ese domingo se abarrotaban. Era una casualidad tremenda que mi colegio, el que supuestamente me alejaría de todos los males caraqueños, estuviera en un área tan densamente *gay*. Tuvo sus privilegios, sin embargo. Una noche me colé en uno de los *pubs* y estaba actuando Divine, el mítico *drag* de John Waters. Era un momento bajo de su carrera, estancado en su propio *alter ego*. Recuerdo la enorme emoción de los que estábamos allí. Fue la primera vez que sentí el verdadero sentido de la mitomanía, que no es otra cosa sino transmitir cariño a esa persona que tanto lo necesita, el artista grande que se encuentra en ese momento terrible donde deja de ser tan grande pero continúa siendo artista.

Divine fue increíble. Hacía todos esos chistes supervulgares y escatológicos con una gran simpatía, como si supiera que esa vulgaridad, al usarla, jamás se volvería contra él. Cantaba esas canciones suyas, *Shoot your shot,* con una triste parafernalia de luces y unos micros de supervivencia en carreteras. Pero también se reía de eso. Era un acto de cabaret, un *dining theatre,* que en América se entiende como el ocaso de cualquier carrera, pero por el cual han pasado grandes de todo tipo. Me viene a la memoria Debbie Reynolds, que creó todo un género de este género, pero Debbie, vea usted, no sé si realmente me parece una grande. Al ver a Divine así, comprobé que todas las generaciones atraviesan por los mismos sinsabores. Luego, en 1986, Divine hizo de hombre y de madre en *Hairspray,* uno de los filmes más divertidos y comerciales de Waters, y murió alabado por toda la crítica, que, por cierto, es la muerte anhelada de cualquier *mega star:* rodeado de periódicos repletos de piropos.

Pero, continuando con las antigüedades, veía esas tiendas cada vez que me escapaba del colegio. Un día observé, quizá el momento más *Forrest Gump* de mi vida, cómo la palabra antigüedad dejó de ser referencia de muebles Luis XV para ser sinónimo de aerodinamismo, movimiento internacional, sillas de la pareja Eames, peluca empleada por Diana Ross en actuación *live* de Las Supremas. Esto me encanta. Todos los días me siento a esperar a que los trajes de grandes mangas de Carolina Herrera, por ejemplo, aparezcan en una tienda sofisticada del Rastro como afirmaciones de una época. Creo tanto en el *revival* que a veces es mi única religión. Sobre todo porque ha modificado completamente ese desconocidísimo arte del diseño interior que a veces se llamaba también interiorismo o decoración.

Yo adoro observar a los interioristas en acción. Tienen una necesidad de mando que habría hecho de ellos grandes directores. Sin duda, de todos ellos el que consiguió hacerlo fue Franco Zefirelli, que primero fue asistente del gran Visconti, luego escenógrafo (donde de verdad es totalmente brillante), y al final director de algunas películas que son como largas escenografías rellenas de diálogos. Es una afirmación sangrante, pero no exenta de realidad, sobre todo cuando uno ve al rubio hijo pródigo del viscontianismo y lo escucha defendiendo los movimientos seudofascistas de Italia. Pero su *Romeo y Julieta*, tan alabada en su momento, es hoy más recordada por el maravilloso culo de su Romeo dormido que por su visión del clásico. Pero no mareemos más las cosas y volvamos a la decoración, que es un universo clásicamente *gay*, donde la antigüedad, el buen gusto, el encorsetamiento o la libre asociación de ideas, se dan la mano, se estrujan y terminan a veces envueltos en desastrosas rivalidades. Como en todo lo relacionado con el *glamour*, no debería seguir una regla fija, salvo la de la lógica. Si a usted le gusta el Lladró, ¿por qué no va a tener todas sus figuritas bien expuestas en su casa? Si también le gustan las *barbies*, más de lo mismo. Si le gustan los muebles de importantes firmas y creadores de este siglo o de cualquier otro, pues también: encuentre la manera de hacerlos convivir de acuerdo con su comodidad.

Creo en todas las decoraciones, porque el mundo entero me parece una decoración. Sobre el tema del minimalismo —que ha sido a los noventa lo que el color negro fue a los ochenta, es decir todo, todo y todo—, le diré que me recuerda a una galería a la que mis padres me llevaban. Allí se sucedían las curiosas *performances* de los setenta. Anteayer, viendo un programa de televisión sobre el famoseo, observé a Jacqueline de la Vega y a Estefanía Luick que comentaban el *look* de una tienda en su inauguración. «Muy minimalista», afirmaba Jacqueline. «Más minimalista incluso que las de Madrid o las de Barcelona», continuaba. A su lado, Estefanía se acercaba al micrófono y santificaba: «Mucho más minimalista». Me encantó este intercambio de palabras porque no decía nada, pero también porque demostraba que vivimos una época donde un nombre reduce la explicación posterior. Vivimos el abstracto como resolución poética para todo. *Gay, hetero,* posfeminismo, minimalismo, maximalismo, *ismo* para aquí e *ismo* para allá. Y entre una cosa y otra puedes ir a tomar ese canapé que siempre está esperándote entre frase aniquiladora y frase aniquiladora.

Un día, hablando de interiorismos con un experto del tema, asumí su confesión más sentida: «La gente no sabe vivir en las casas que creo para ellos. Quizá porque yo mismo no sé cuál de todas sus personalidades es la verdadera. Un decorador está condenado a crear escenografías que parecen lógicas y humanas, pero que darían cada centímetro de su espacio para trasladarse a un escenario, a un plató cinematográfico y revivir películas u obras de teatro». Ya lo ve, como decía Karl Lagerfeld acerca de sus compañeros diseñadores de alta costura: «En el fondo, todos quieren ser arquitectos, grandes arquitectos».

Tantos fracasos y tantas mentiras se esconden bajo el *glamour.* Los *gays* masculinos son horteras. Sí, y lo repito para empatar con el título de este capítulo. Porque nos pasamos toda la vida creyendo que no lo somos. Y, recuérdelo, nadie es inmune a la vulgaridad. Nadie, porque desde la vulgaridad nace nuestro carisma, nuestra capacidad de inventarnos esa supuesta realidad que eclipsa malos olores y roturas mal enmendadas.

Capítulo VIII

Viajes, bautizos, sexo en la oficina... Un popurrí divertido

Los españoles somos curiosos a la hora de viajar. En primer lugar, porque nos atrae descubrir, aunque siempre con el «allá donde fueres, haz lo que vieres» como verdad total. Para mí es una de las frases que mejor identifica el ser de lo español. Demuestra una extraordinaria buena educación, pero también un secreto cachondeo. Si asistimos a una tribu indígena que lleva sus genitales envueltos en una caña de bambú, ¿realmente cree que su marido estaría dispuesto a imitarlo? Seguramente sí, pero para partirse de risa. ¿Lo ve más claro ahora? En realidad, hacemos lo que vemos o bien para copiarlo o bien para rechazarlo a través de nuestra mejor arma, la risa.

Hay otra cosa muy española a la hora de viajar: quejarse de la calidad hotelera. Claro, eso se explica cuando asumimos que somos una de las principales potencias turísticas del mundo. Más de sesenta millones de turistas nos visitan cada año. Sesenta millones son mucha gente para el mundo *glamour,* donde sólo sesenta serían ya un problema. Repiten su visita porque en nuestro país existen hoteles de segunda que serían de turista superior en Francia o Italia, por ejemplo. Esto provoca grandes frustraciones en el viajero español, que cree que su turismo superior es de verdad superior, y la mayoría de las veces se reduce a una extraña habitación diminuta sin bar o con una ducha sospechosa.

Este tipo de discusiones me encantan. Debe de ser porque provengo de una cultura, la latinoamericana, donde los hoteles son templos vedados si existen casas de amigos en las cuales quedarse. Una vez, en Buenos Aires, escuché la siguiente conversación entre una chica superguapísima y su típica amiga diez veces más fea que ella:

—Estas vacaciones (el verano austral es una confusión para el resto del mundo. Estás en pleno agosto con una lluvia intensa en Buenos Aires y ves en los quioscos la portada del *Hola* con Marta Chávarri corriendo feliz y en minibikini por las playas de Marbella) voy a Londres, porque tengo una amiga allí. Y luego a París, porque tengo otra amiga, que se acaba de mudar a una casa más grande. Y de París, ya veré si voy a Roma o Helsinki, porque también tengo amigas allí.

—Qué estupendo, ¿cuándo conociste a todas esas amigas?

—A través de otras amigas que tienen casas en Bruselas y en Amsterdam.

¿No es un diálogo maravilloso? Toda una geografía amistosa en la cual pernoctar y dar el coñazo y ahorrarse el dinero del hotel. Como invitado, y gracias a los años y a mi relación de pareja, he descubierto que hay que ser muy ahorrativo en dar el coñazo. Un invitado es perfecto si aparece por un fin de semana y lo anuncia con antelación y jamás se le ocurre hacerlo en temporada alta. Y, desde luego, es aún más perfecto si acepta una invitación que se ejecuta con fecha e interés y no se autoinvita constantemente. Dos días de convivencia con uno de esos amigos en Helsinki o Belgravia son extraordinarios para alegrar la vida del invitante, que es lo principal que debe tener en cuenta un invitado: alegrar, complacer, conseguir el disfrute total de los implicados en esa visita.

Pero, volviendo al hotel, es realmente la solución perfecta. Provee independencia y la tranquilidad de entrar y salir con auténtico *glamour.* A medida que me he hecho mayor, más enfático me he vuelto en la persecución del hotel perfecto, es decir, aquel que ofrezca una comodidad media a un precio medio. Creo que en el futuro el planeta estará plagado de hoteles al estilo de nuestros NH, donde uno puede pernoctar, desayunar y salir a «trabajar» la ciudad que se visita. Como todo tiene su excepción, creo también que existen ocasiones para cada hotel. Si uno necesita un *spa* (balneario en lenguaje *glamour),* hay que conseguir uno, cueste lo que cueste, así haya que asaltar un banco. Si, por el contrario, uno desea encerrarse en una habitación magnífica en vez de agitarse en las populosas calles de la metrópoli amada, nada mejor que un megahotel. Pero claro, a ese megahotel yo le pediría vistas, sábanas impecables y casi crujientes (me encanta que una cama esté perfectamente hecha), un baño gigantesco y una televisión con miles de canales.

Cuando con la cadena SER voy de bolos (que es una expresión muy del circo para referirse a las galas o funciones), nos alojan en unos hoteles increíbles, lo cual concuerda con el hecho de ser potencia turística, pero en las ciudades españolas más increíbles. Por ejemplo, Santoña. Nunca lo olvidaré. Era una *suite* como para Joan Collins, con vistas al mar y una bañera que tenía chorritos por los sitios mas recónditos. Y un salón para montar una fiesta, que es lo primero que hago en este tipo de hoteles. Abres el minibar, llamas a recepción, encargas hielo, hielo, hielo. Y la vida es una fiesta.

La vida, en verdad, es una fiesta. Y no existe mejor país en el mundo para vivir esta frase que el nuestro. Gemma Nierga me invitó en junio pasado al Rocío. «Porque al menos una vez en tu vida tienes que hacerlo», me aseveró. De la misma manera, yo he repetido muchas veces en mi vida que cualquier ciudadano del mundo debería ver, al menos una vez, un concurso de Miss Venezuela: porque lo que verá allí, no lo volverá a vivir en ninguna otra parte.

El Rocío (fiesta pagana y tradicional y por ambas cosas adquirida por la Iglesia católica) es muy parecido al Miss Venezuela. Parecidísimo. Todo gira en torno a la celebración de una deidad, en el primer caso, la Virgen de la Blanca Paloma y, en el segundo, la venezolana que resulte elegida para coronarse Miss Universo, que es un poco como erigirse también en un nuevo tipo de Virgen de la Blanca Paloma. En el Rocío todos somos *misses*, porque uno se pasa los tres días de peregrinaje cambiándose de modelito. Y es en realidad la parte más atractiva de todo el *show* y una oportunidad única para disfrazarte: algo tan estimulante para el *fashion victim* o para aquel que, como yo, desea morir de *glamour.* A mí me encanta todo el proceso para vestirse de corto, con los tirantes, esa pieza que ha quedado para los abuelos o para yuppis recalcitrantes; los pantalones, con ese insultado dobladillo, de rayas o marrón (que es, por cierto, el más chic, y si es un marrón oliváceo, ya es el no va más); luego la chaquetilla, siempre corta y siempre ajustada, dándole a uno ese aspecto como de mariquita imposible que tiene todo lo relacionado con el atuendo masculino-andaluz. Y es cierto, el traje típico masculino en España tiene tufillo a petimetre y en este nuevo siglo a loquita sumamente caprichosa con su vestir y sumamente meticulosa, que es lo más negativo de cualquier loquita. Porque esa meticulosidad puede quebrarle los nervios a cualquiera.

Pero, bueno, volviendo al Rocío, uno puede estarse tres horas vistiéndose y a todo el mundo le parece normal, porque se está gestando un *look,* que tiene sus reglas y sus principios. En el Rocío que me tocó vivir con Gemma, hubo un momento de pánico cuando se descubrió que yo no llevaba camisas blancas. «Por Dios, Gemma, dile que no salga en camiseta, que va a parecer un guiri», oí decir. Y pensé: si todos somos guiris en este desierto populoso que llaman Rocío. Pero es que salir con la camiseta era como burlarse de la tradición. Lo mismo que ir sin medalla de alguna hermandad, porque da pie a que algún enloquecido decida bautizarme en el Rocío y dicen, quienes lo han padecido, que puede ser un espectáculo bochornoso, guarro y desagradable. Total que unas almas caritativas y de importante masculinidad me cedieron dos pares de sus camisas. Y la verdad, cuando tuve todo puesto, pantalones, tirantes, camisa impecable, sombrero, chaqueta y botos (que desde luego son el padre de las terribles camperas), estaba sensacional. Tenía todo el aspecto de un actor que busca su gran oportunidad y que aprovecha su papel de extra en una película a medio camino entre la aventura gaucha y el asalto al expreso de Minnesota.

El Rocío es muy película *western.* La propia Gemma empezó a improvisar un diálogo típico de pistoleros que ensayan su papel durante una pausa del rodaje. Ella misma, vestida con su traje de faralaes preferido, sufrió uno de los reveses del Rocío. Y es que la moda del traje femenino sí cambia con los años. Gemma estaba feliz con sus volantes y sus topos blancos sobre fondo azul, pero una de esas terribles señoras «bien vestidas» del Rocío vino hacia mí, consternada: «Ese traje es como de los años ochenta. Ahora se lleva el minimalismo y los faralaes no son tan exagerados y los topos son como para la Feria». Alguien, totalmente desaprensivo, se lo dijo a la propia Gemma, pero ella ni se inmutó. «Éste es mi traje del Rocío y éste es el que me quiero poner.»

Nos pasábamos la tarde subidos en el carro de caballos viendo a la gente deambular por el poblado. Para mí es totalmente realismo mágico. El hecho de que no exista asfalto, no deja de sorprenderme. Llegada la noche, la gente empieza a ir de casa en casa; viviendas que sospecho similares a las que habrán tenido los buscadores de oro del *Gold Rush* californiano. Y nunca se come de verdad, todo es picar y bailar, bailar y picar y vuelta a escuchar una canción que se supone son varias, pero que yo sostengo es la misma, a lo largo de los días.

Me encantan las sevillanas, no se equivoque. Creo que las han inventado para hacerle sentir al guiri todo lo terriblemente ridículo que significa ser guiri. Porque nadie puede bailar sevillanas si no las aprendió ahí en el barrio. A las personas que las han aprendido en academias de flamenco a lo largo y ancho de la carretera Panamericana se les nota. Y mucho. Los que lo han hecho en academias cercanas a la Gran Vía de cualquier ciudad española, también lo transpiran. Pero hay otros que sí bailan. Y de verdad. Recuerdo en una fiesta de Lola Flores (sí, aquellas fiestas de Navidad del «Lerele») a la madre de Julio Aparicio, la insuperable Mamen. Bailaba sola y movía las manos y los pies como si fuera un ser infinitamente telúrico; como si fuera un tubérculo que se revuelve en sus raíces y baila hacia la profundidad de la tierra. Eso era conmovedor y no lo que bailamos en el Rocío, mezclándolo todo y dejándonos llevar por el efecto «rebujito», esa bebida, seguramente típica ya de los ochenta, que mezcla manzanilla (vino blanco) con Seven Up.

En ese Rocío, durante uno de estos bailes nocturnos, sonó mi móvil. Era Loles León explicándome que ella también estaba, pero en casa de Isabel Pantoja.

—Loles, vaya mezcla —dije.

—Me ha invitado Juan Andrés, su maquillador, que también es el mío y como nunca había venido, me ha parecido ideal. Quiero que sepas que le he dicho a Isabel que estás y ella me ha dicho que te invita a su casa, a ti y a quien quieras.

¡Guao!, debí de decir. Una invitación de la Pantoja en el Rocío es como si la Blanca Paloma sobrevolara sobre tu cabeza y, bueno, te cagara encima, pero para señalarte como elegido de algo que nadie sabe muy bien qué es, pero elegido al fin.

Fui. Primero salí de la casa donde me alojaba y donde había un *surmenage* de rebujitos y palmas. Atravesé, en compañía de Elena, mi anfitriona, el realismo mágico, todavía más mágico por el colocón y la negritud de la noche, que era ya como la cabellera de la propia Pantoja. Caballos solitarios galopaban a nuestro alrededor, otros cargados de parejas heterosexuales totalmente arreboladas, coches con señoras ligeramente borrachas, vestidas de lunares y minimalismos varios, con sus medallas atrapando los brillos de otros trajes y miles de lamparillas en los porches. El sonido incesante de las sevillanas en las casas. El sonido incesante de nuestros propios pasos hundiéndose en el polvo. Elena me explicaba que todas las calles en el pueblo de El Rocío tienen sus callejones, para que las casas puedan acoger los caballos, los carros y los coches. Es, de verdad, un universo muy pijo, porque cada Rocío debe de costar por cabeza, para vivirlo bien, de medio millón a millón tranquilo de pesetas. Los que se quedan fuera, en los campamentos aledaños al pueblo, son los que nunca aparecen en foto alguna del Rocío. Y son centenares de miles.

Todo esto se recorrió en busca de la casa de la Pantoja. Porque, claro, una invitación de este tipo, al menos en España, se da sin ningún tipo de dirección. Loles dice «la Pantoja te invita» y uno tiene que agenciarse el resto, que es, por ejemplo, la dirección de esa casa.

—No te preocupes que yo sé dónde es. Y si no lo sé, todo el mundo sabe cuál es la casa de la Pantoja —me aseguró la propia Elena, cuando ya veíamos las pisadas de nuestros botos desaparecer en el polvo.

A través de las calles y sus callejones desembocamos en la Feria del Rocío, que es una feria de pueblo, quizá con más «cacharros» que otras y con más gente absolutamente asombrada de encontrarse con un par de personas preguntando por la casa de la Pantoja. Cuando por fin dimos con ella, se abalanzaron sobre nosotros los vecinos, invitados y «asomados» (que dirían en mi país) desde otras casas. Toqué dos veces con la aldaba y al segundo apareció un mayordomo. No necesariamente vestido de mayordomo, pero sí con esa seriedad característica.

—Soy el señor Izaguirre y mi amiga Elena y venimos invitados por la señorita Loles León —dije con enorme distinción mientras el público enardecido gritaba mi nombre, el de la Pantoja y el de Loles. El mayordomo desapareció dentro y la gente se arremolinaba más encima de nosotros. Pensé, como buen invitado, que no podía seguir allí porque estaba poniendo en total evidencia la existencia de una fiesta con famosos en casa de la más famosa habitante del pueblo. Así que decidí entrar, y, cosa extraña, la puerta estaba abierta, a pesar del medido protocolo del mayordomo.

Una vez dentro, era otro Rocío. Las compañeras de peregrinación de la Pantoja, a saber, Lolita, Charo Reina y otras amigas, entre ellas una célebre diseñadora de trajes minimalistas para el Rocío 2000, bailaban y cantaban su propia sevillana: «un carro, dos carros, tres carros... Coño, Continente», dice una frase. Y otra: «Olas que vienen y van, olas de la serranía... Hola, ¿qué tal?, ¿cómo estás?», que a Pantoja la mondaban de risa y ella misma actuaba ofreciendo su mano y mejor sonrisa al primer espectador.

Loles estaba entre las amigas que cantaban la sevillana. Y al cabo de unas risas y unos aplausos, Lolita vino hacia mí a ofrecerme un *gin tonic* (es mi bebida favorita, en el

Rocío, en casa de la Pantoja, o en un bar en San Francisco). Y entonces vino ella, la auténtica, la viuda de España, la madre de Paquirrín y Chabelita, a saludarme. Yo quise impresionarla y me lancé en uno de esos saludos que ella ha impuesto en los escenarios de Iberoamérica: una especie de caída libre que se cierra extendiendo los brazos todo lo posible hasta quedar convertida en una suerte de cruz que se estampa contra el suelo del escenario y lo besa y desde esa compenetración parece decirle al público entregado que más entregado está uno y que ahora no sabe exactamente cómo volverá a incorporarse.

Y, en efecto, esto sucede cuando consigues hacer el saludo. No podía levantarme y ella, la Pantoja, estuvo genial, pues se lanzó ella misma a hacer el saludo y a sostener sus vivas y divertidas pupilas sobre las mías.

—De tus saludos, es mi favorito —le dije, con las piernas carcomidas por calambres.

—Lo tienes calado —dijo ella.

—Pero, no me sé subir —confesé, con las palabras entrecortadas de dolor.

—Amigo, aprieta el estómago, pon firmes las piernas y súbete de un salto.

Era algo imposible. No tenía estómago. No tenía piernas. Pero ella lo hizo. Hincó su sonrisa en sí misma y dio un salto y pum, estaba arriba batiendo la melena en menos de un segundo. ¿Se da cuenta? Eso también es *glamour:* conseguir lo imposible, dentro del mismo imposible.

Cuando me levanté, de una manera terrible, achacosa, muy mal, ella estaba al lado de Chiquetete anunciando que iba a bailar. No a cantar, sino a bailar, porque ella sabía que a mí me gustaba el baile. Me pareció de gran señora que supiera cosas de mí. Un anfitrión, en su rol, tiene que complacer a su invitado con este tipo de pequeños grandes detalles. Y entonces bailó, y yo entendí que Pantoja es un poquito como Liz Taylor en el sentido que ella,

Isabel, durante toda su vida ha sido siempre Isabel Pantoja, nunca otra cosa; ni siquiera como esposa o viuda de Paquirri. Y eso nos devuelve a nuestra primera regla sobre los iconos: van modificando su vida a medida que ésta se desenvuelve, pero nunca, en ninguna de las transformaciones, dejan de ser ellos mismos. Ese recuerdo de Pantoja bailando en el Rocío es bello. Se la veía tan libre y al mismo tiempo en contacto con todos. Pensé, y reconozco que puede resultar exagerado, que el «Che», por ejemplo, habrá tenido ese mismo momento donde se conjugara su liderazgo con su más profunda sensibilidad, delante de sus compañeros de armas.

Luego, Loles decidió visitar el pueblo. Y lo hicimos después de que la Pantoja ordenara a su chófer que nos pusieran su coche de caballos. Y así salimos Loles, Charo, Juan Pedro y Tomás (el acompañante definitivo de Lolita en sus momentos bajos y altos) y un servidor. Fuimos hacia la hermandad de Huelva, porque yo había conocido a unos vaqueros guapísimos de esta hermandad que habían coqueteado conmigo. Ese coquetear tan característico del varón español, que lo hace con hombres, mujeres, ancianas, niños, con tal de conquistar y crecerse en su propia belleza y virilidad. De esto hablaremos más adelante y es uno de mis temas favoritos, ya que sostengo que ésa es la auténtica herencia árabe que nos dejaron los susodichos. Fuimos, entonces, a esa hermandad. Se armó una increíble al vernos allí. Hubo que salir corriendo y en ese momento, subidos al coche, Loles y yo vimos todos los «simpecaos» (esos carros donde viajan las vírgenes que vienen a adorar a la megavirgen) en sus hermandades y entendimos un nuevo capítulo del realismo mágico, que sin ser sudaca, impregna toda esta celebración. Están allí, como auténticas vírgenes, encerradas en su silencio y su oropel, recibiendo las miradas iluminadas de misterios, fracasos o sonrisas de todos sus admiradores. Visitando una a una,

Loles se detuvo delante del «simpecao» de la hermandad de Madrid, que, fiel al caos urbanístico de nuestra amada ciudad, se encuentra a escasos centímetros del bullicio de la Feria y sus cacharros.

—Pidámosle un deseo, Boris —dijo Loles—. Porque Madrid ha sido muy milagroso con nosotros.

Y de todos los deseos que pedí esa noche, el más importante fue recordar para siempre a Loles de esta manera, mirando en silencio a la Virgen redimida de nuestra santa ciudad de pecados y risas.

Hay otras fiestas españolas que configuran nuestra cosmología *glamour.* La Semana Santa, por ejemplo, y sus costaleros, que son un prototipo de fantasía homoerótica como no existe en ninguna otra cultura del mundo. Esas docenas de hombres debajo de una Virgen todopoderosa y pesada, moviéndose según una estricta coreografía que nadie puede observar, rozándose entre ellos, sudando y sufriendo un vía crucis, es francamente motivo de muchas masturbaciones y muchas noches agitadas para quien le guste uno o más de dos hombres juntos. También tiene su punto de perturbación el maquillaje de las chicas andaluzas y la confusión de perfumes en la calle, entre el azahar y el carmín. Y encima de todo, la celebración enloquecida de un dolor tan grande, como la muerte de nuestro Santo Padre redentor, convertida en absoluta euforia, que de tanto rayar en lo histérico ha desatado ya catástrofes callejeras.

Pero entre las fiestas españolas que más me fascinan, están las que se celebran en las oficinas cuando llegan las Navidades y el fin de año. Las encuentro cautivadoras por su ingenuidad y por el aparataje que conforman. A medida que se va acercando la fecha, empiezan a sucederse situaciones terribles que son como espejos de la verdad ante nuestros rostros de clase media. El hecho de reunirnos todos en un mismo reservado, de comer el mismo cordero y la misma sopa y el mismo postre y de ir bañándolo todo en el suficiente vino y cava para olvidar que estamos junto a personas que no necesariamente queremos, es conmovedor, patético y angustiante al mismo tiempo. En más de una de estas cenas de fin de año he asistido a borracheras previas para llegar lo suficientemente colocado y que nada importe mucho. En otras he vivido discusiones que, sin duda, le agregan un tono diferente a una celebración, de entrada, previsible. En otras también he visto cómo las idas y venidas al baño son cada vez más sucesivas y numerosas. Y éste es un tema que merece un inciso. El consumo de drogas en los baños durante las fiestas. ¿Por qué no se les permite a los anfitriones tener un espacio reservado al consumo de estupefacientes? En una época de mi vida como anfitrión intenté crear los llamados *drug-rooms* y evitar, así, el bochornoso ir y venir al baño para tomar cocaína, la droga, en este aspecto, que más problemas genera; algo curioso, además, porque se supone que es un producto discreto, que nadie sabe si lo has tomado o no, pero que sin embargo tiene una simbología externa bastante evidente.

Sucedió entonces que con estos *drug rooms,* que tanto deseé imponer, estaba dándoles un problema a los anfitriones de mi generación similar al creado por la señora Marchesi con su teoría de que el vino jamás debería ser colocado directamente sobre la mesa. De entrada, se tenía que crear ese espacio aparte de la fiesta, para el consumo de estupefacientes con discreción. Pero, claro, en la mayoría de las casas de mis amigos, el gran problema siempre es el espacio. El único sitio, pues, que podría tener característica de *drug room* era precisamente el baño. Y, seamos serios, un baño es un baño y el entrar y salir de quienes no van a ejecutar necesidades fisiológicas obstruye su normalidad. A veces sugería emplear la habitación del servicio o el cuarto de la plancha, que en algunas casas pudientes aún sigue habiéndolo; pero resultaba todo un incordio separar la ropa sucia y buscar el sitio idóneo o la superficie apropiada donde un porro no creara ningún accidente y una raya no fuera a confundirse con detergente. En otras ocasiones sugería el cuarto de los niños. Sin embargo, para este fin sólo podía utilizarse cuando los niños estuvieran con los abuelos o en edad de internado, donde ya les enseñarían también a ellos cómo consumir sus propios estimulantes.

El *drug room* fue uno de los grandes fracasos de mi vida como anfitrión y, aún hoy, mi mayor dolor de cabeza a la hora de ofrecer una fiesta. Me gustaría que la droga pudiera presentarse en bandejas, como otro alimento más, y que cuando alguien deseara un poco, tuviera la naturalidad suficiente para servírsela. Una norma invariable del *glamour* y del saber estar es que, como anfitrión, nunca debes traicionar la naturalidad. Si alguien vuelca un plato, haces lo mismo. Si se quiebra un vaso, reiteras la acción con el mismo accidente. Si alguien dispara sobre alguien, puedes repetir el gesto y cargarte a quien de verdad desees, o bien, acompañar al asesino a preparar la declaración que hará a la policía. Pero, siguiendo esta corriente de naturalidad, no decidirás nunca dar tú el testimonio sobre el crimen cometido. Con absoluta simpatía convencerás al criminal de que tu labor no puede, ni debe, poseer otra rúbrica que la suya propia.

Adoro las fiestas. He estado en tantas que a veces llegué a pensar que eran mi rol en la vida. Invitado permanente. No es un mal rol, créame, tiene su punto y hay gente que lo ha sido siempre. Esos personajes maravillosos de Edith Wharton (jóvenes sin medios de algún remoto lugar inglés o norteamericano, acostumbradas, como Wallis Simpson, a vestirse con ropas de las primas) iban de fiesta en fiesta hasta que por fin un hombre, o una tía, o un hecho que transformaba sus vidas, las secuestraba para siempre a otro remoto, aunque mejorado socialmente, condado inglés o americano. Creo haberme vuelto uno de esos personajes en una ciudad como Madrid, donde cada día hay una fiesta, repleta de personas que desean cambiar su existencia y que creen que van a conseguirlo entre *gin tonic* y *gin tonic* de Pachá, Joy o la casa de ese nuevo accionista de Telefónica.

Madrid es la capital internacional del evento promocional. Son fiestas con un fin determinado, pero que terminan en jacarandosas celebraciones de ese bien natural tan español: «echar unas risas». Sinceramente una de las razones de mi éxito en nuestro país es haber entendido en un instante este verbo tan largo. «Nos vemos y echamos unas risas», «quedamos para unas risas», «sólo le pido a la vida amigos para echar unas risas». Escuche cualquiera de estas tres frases y sabrá que las pronuncia un compatriota. En una época pasada imagino que la expresión habrá provocado repugnancia en más de un intelectual comprometido, pero hoy día es nuestro único compromiso en la vida. ¿Se debe a la prosperidad de la España Aznar 2000? ¿Es producto de la nimiedad, que en vez del nihilismo, nos consume a medida que cerramos milenio y abrimos Era de Acuario? Le digo la verdad: me da igual, siempre y cuando pueda echar unas risas... de las buenas, que son aquellas que se burlan de todo, incluso de uno mismo. O, desde el principio, a partir de uno mismo.

El evento promocional madrileño es variadísimo. Puede ser un portal de Internet que secretamente reúne a José María García, el pensador más transparentemente reaccionario del país, a este servidor y a Ruiz Gallardón con Cary Lapique de punto de referencia para todos los presentes. Es decir, poder político, poder comunicacional, poder *gay* y poder social a través de uno de los miembros selectos del club *Hola*. Esto se considera un megaevento, que además tiene la característica ideal para que sea cuasihistórico: que trata de algo muy moderno, como Internet, y que en nuestra peculiar historia nacional, coincide su auge con el afianzamiento de la derecha que ha dejado atrás sus moños y maneras de derechona.

Otro evento promocional es la inauguración de restaurante montado por un famoso. España es un país de restauración, característica, sin duda, que ha sabido exportar: de Nuevo México a la Patagonia hay infinidad de restaurantes, desde lo español hasta el *sushi express*, regentados por compatriotas. En el caso del famoso que decide abrir uno, todo hay que entenderlo como un saludo a la bandera y una forma, lógica, de hacer patria. Cuando me mudé a Madrid en el año 94 me alucinaba, como decimos aquí, la cantidad de restaurantes que se inauguraban en la semana. Y me sorprendía aún más que una apertura así pudiera servir para una fiesta. Parece lo más natural, pero es realmente absurdo explicarle a tu madre por el teléfono que la dejas porque vas a la inauguración de un mesón. «¿Y no puedes ir otro día?», me preguntaba. «No mamá, porque esta noche la comida es gratis».

Pero, en realidad, nunca hay comida en este tipo de fiestas. Hay ese momento canapé, que a mí me parece el peor legado de las dictaduras bananeras del siglo XX. Sí, sí, porque el canapé es una cosa muy de dictaduras, muy de llenar rápido el estómago, para que nadie haga preguntas ni se deprima de estar aquí celebrando un régimen totalitario. Siempre que imagino una dictadura, sea la de Mayer en Hollywood, la de Hitler, la de Franco o la de Batista, me imagino esas suntuosas fiestas donde continuamente corrían y corrían fuentes de entremeses cada vez más elaborados y barrocos, mientras infinidad de derechos humanos eran cercenados impunemente. Por eso entiendo el canapé de esta manera y por eso lo detesto profundamente. Es cierto que han ganado una cierta aureola de divinidad a través de las bodas, o casamientos como dicen los argentinos. Por cierto, nunca escuché palabra más cursi —casamiento— y mejor aplicada, aunque, después de todo, una boda es un acto cursi y apestoso a moral de clase media, pero al cual no podemos dejar de acudir. Volvamos a los canapés. En los matrimonios son eternos y cumplen fielmente su rol de llenar el estómago a fin de no elevar críticas sobre la comida principal. Recuerdo ahora, no sé si fue Jane Fonda, que intentó lanzar una cruzada contra el canapé a raíz de sus descubrimientos aeróbicos, y tuvo que callarse como si hubiera lanzado una piedra al techo del Vaticano. El poder del canapé es temible, lo advierto, pero confío en que en algún punto de nuestra existencia consigamos erradicarlo y el cóctel dure menos tiempo y la cena se sirva a tiempo y para menos personas. Porque ésa es otra característica de la garra implacable del canapé, con él pueden agasajarse miles de personas y los eventos promocionales tienen ese vulgar sello de estar dirigidos a cuanta más gente mejor.

Por eso también se han poblado de cámaras de televisión, cuyas imágenes han hecho mucho por este humilde servidor, desde luego, pero cuya presencia en estos eventos debería generar un cierto decálogo de conducta. Los cámaras de tele son una especie de camareros frenéticos, con la misma carga de trabajo y un peso verdadero sobre sus hombros. Pero se agitan, empujan, codean, molestan y sufren el mal rollo de algunos invitados. He visto en algunos eventos promocionales cómo se colocan en un ángulo idóneo frente a la puerta de entrada. Esto ha creado una nueva escuela de la pose para famosos y también un ranking dividido entre *a)* los que esperan que pase otro famoso para no ser primeros en llegar; *b)* los que se detienen demasiados minutos para posar amablemente y creer así que la prensa se enamorará de ellos, y *c)* los últimos, maravillosos, que pasan de todo y siguen hacia adelante con el clic clic y el foco de las cámaras detrás. No es fácil llegar a este tercer nivel, le advierto, porque la prensa intimida, y mucho. Uno siempre cree que debe ser educado con los medios y respetar cuando te llaman por tu nombre y uno se pone inconscientemente a posar. «A la derecha, Boris. A la izquierda, una sonrisa, Boris. Gracias, Boris. Mírame, mírame», y uno se siente Jodie Foster, pero te llevas el chasco horrible de que ninguna de esas imágenes sale publicada, porque de repente aparece Juan y Medio y Galindo, uno altísimo y el otro un gran hombre de peculiar estatura, y, claro, ellos son más foto que tus educados gestos. Desde entonces, he optado por unirme a la legión de terceros que no se detienen. Cuando asistí a la capilla ardiente de la madre del Rey, nuestra querida María de las Mercedes, en el momento de cruzar el patio de Armas del Palacio de Oriente, empecé a oír los gritos de los fotógrafos: «Boris, un momento. Boris, a la derecha...», y me impactó que esto sucediera en un funeral real. Me asombró aún más que no existiera ninguna persona de la Casa Real, tan meticulosa en la relación de la Familia con la prensa, para explicar que en un sepelio el silencio es una regla de oro.

Seguramente sucedió así porque vivimos en la capital del evento promocional, y un entierro, por más de Estado que sea, no puede escapar a este influjo capitalino. Y es cierto que cada día más los funerales son como grandes fiestas donde de nuevo se mezclan todos los poderes. El de la madre de Villalonga, tan reciente en nuestra memoria, resultó el summum de esta nueva modalidad. En primer lugar, la muerte de su madre coincidía —fenomenal palabra— con su propia muerte en Telefónica, y esto, en términos de promoción, resulta insuperable: combinación perfecta de *pathos* y morbo. Y como los funerales —al igual que las bodas— reúnen a toda la familia, resultó un auténtico festín para hambrientos ver juntos al abatido magnate de la telecomunicación hispana con su ex mujer, cuya separación causó la caída y desgracia del hombre poderoso.

Centrándonos en la ropa, la ex señora Villalonga recibió el pésame personal de Ana Botella; de una Ana Botella que se presentó en un inclasificable traje rosado para tal ocasión con la intención, seguramente, de generar una nueva moda ante la actualísima verdad de que los actos fúnebres son ya una fiesta más y se puede ir, por tanto, de cualquier color. Y es esa foto, la de Botella con su amiga íntima, ex de Villalonga, la que transforma este funeral de la madre del innombrable en evento *top* de los promocionales de Madrid. Luego aparecen Alberto Cortina y su nueva mujer, la conocida campeona de tiro al pichón, Elena Cue; él en traje ejecutivo de banca; ella en otro traje Príncipe de Gales superceñido y de un lino inarrugable. Ambos parecen acudir a su propia boda. Se ve serios a todos los presentes, pero al mismo tiempo se habla mucho y se saluda ídem. En este tipo de funeralones (como también se habla de bodones, ¿no?), uno imagina que se cuecen nuevos rumores y cargos, negocios y litigios, mientras el cura de la familia apacigua los ánimos; mientras los relaciones públicas de las empresas orquestan las entradas y salidas de ex y nuevas por la misma puerta sin que sus pamelas o trajes de sastre choquen y desaten huracanes.

El relaciones públicas de Madrid es un tipo de mortal que debería ser embalsamado en el Instituto Smithsonian junto con el último heterosexual auténtico de este siglo. Julio Ayesa y Jean Louis Mathieu, en Madrid, y Carles Martorell y Javier Escobar, en Barcelona, son los paladines de esta raza pública que se basa precisamente en unir y desunir personas y en convocar en la ciudad con más convocatorias del mundo. Ayesa es realmente maravilloso, siempre divirtiéndose. Y Mathieu igual. Ambos disfrutan auténticamente creando una fiesta. Es verdad que lo más hermoso de divertirse en un evento es saber que está hecho con especial ahínco en su creación, por efímera que sea. Mathieu, por ejemplo, posee en su currículum todas las características para escribir el mejor libro sobre nuestra sociedad desde el tardofranquismo hasta el nuevo aznarismo. Igual que Ayesa, que siempre mezcla Lecquio con Pitita Ridruejo, Nati Abascal con la hija de la archiduquesa de Rusia, y mantiene una conversación infatigable. En una ocasión me contó Mathieu cómo había seguido a Nureyev por todo Madrid y la cantidad de hombres y mujeres que fueron uniéndose al combo del superbailarín en un Madrid todavía grisáceo y poco acostumbrado al mariconeo que, ironías del destino, es hoy su mayor bandera. Mathieu y Ayesa son un tánden, como Martes y Trece, de las risas cultivadas de sociedad. A veces están de malas, pero generalmente se mueven juntos y, como buenos relaciones públicas, ponen especial énfasis en mejorar cada fiesta respecto a la anterior. Son tan grandes que han pasado a convertirse ellos en invitados de lujo. En el caso de Martorell y Escobar, el *handicap* es esa nunca resuelta complejidad de Barcelona para erigirse en capital social. Se dice que los catalanes son muy suyos, pero creo que consiste más bien en un recién adquirido terror por parecer madrileños. Nunca entenderé por qué una ciudad mediterránea, espléndida, supergastronómica, se empeña en compararse con Madrid, cuando debería hacerlo más bien con Montecarlo, por aquello de que es un puerto con princesas y *surmenage*. O con París, que aunque más cursi, es una comparación que todas las ciudades de buen ver acostumbran hacer. El fastidio de la vida social catalana es precisamente medirse con lo imposible, que es Madrid: mucho más que social. ES TODA SOCIAL. Sin embargo, en el caso de Martorell, tiene un feudo que es Eivissa, Ibiza, esa isla loca donde naturaleza, psicodelia y lujo se mezclan y remezclan sin problema alguno. Vas a una fiesta allí y lo primero que encuentras son los ojos verdes de Martorell señalándote el camino: Valentino a la derecha, Mac Pherson a la izquierda, Simoneta al medio...

Como a los maquilladores, respeto mucho al relaciones públicas, porque pertenece a una minoría muy maltratada. Es una raza que ha inventado América y el mismísimo Hollywood, con todos esos publicistas que organizaban eventos y creaban parejas de ensueño entre actores contratados para, la palabra mágica, promocionar sitios, estrenos, y un largo etcétera apasionante. A mí me gustan también los que están en la Gran Vía repartiendo *fliers*. Han creado un nuevo tipo de empleo, el flieyero, y pueden ser estudiantes simpáticos y agraciados con su poquito de anfetamina en el cuerpo, o inmigrantes perseguidos por la ley de extranjería. Son la parte olvidada, el escalafón más primitivo de los relaciones públicas de la ciudad, y muy seguramente ninguno de ellos llegue a ser grande en ese negocio, porque para serlo no sólo se necesita trabajar mucho, sino tener una buena agenda y una insuperable paciencia para llamar por teléfono.

El mundo *stripper*, ahora que lo he mencionado, es apasionante. Lo he empezado a conocer hace unos meses, durante mi estancia en Barcelona, que es la capital internacional del desnudo profesional. Nueva digresión, aunque, lo prometo, breve. Esto de las «capitales internacionales» es algo que descubrí en Caracas a principios de los noventa, cuando entendí que mi ciudad de origen era la capital internacional de las bodas, porque cada dos semanas había una boda más impresionante, millonaria y multitudinaria en invitados. En una ciudad donde no hay variaciones climatológicas (no se dan reportajes del tiempo en los telediarios), las bodas sirven como escaparate de las tendencias en moda para ese otoño que no existe o para ese invierno, primavera y verano que tampoco suceden. Los diseñadores de allí muestran todas sus creaciones a través de la novia, su madre, su cuñada y las inefables *bridemaids* (esas amigas de la novia que en España selló con impecable estilo María Zurita durante la boda de su prima la Infanta Elena y que Carmen Rigalt ha bautizado como «la chica que evita que la cola del traje de novia se ensucie»). *Bridemaids* y otras invitadas sobrellevan el peso de la colección de un diseñador determinado en estas bodas caraqueñas, y a veces pienso que las propias novias se casan para ponerse en manos de los cuatro o cinco grandes nombres del diseño venezolano. Pero es que la cosa no para ahí: la calidad del ágape y las toneladas de flores empleadas en cada decoración nupcial son impresionantes. Cuando uno acude a una de estas bodas entiende que Hugo Chávez sea presidente de la tercera potencia petrolera del mundo. Buenos Aires es capital internacional del trío sexual. Manhattan, ya se sabe, es capital internacional y punto. Los Ángeles, de la cirugía de reconstrucción y creación de nuevas personas; y Barcelona, como le decía, del *stripper.*

«La regla número uno del *stripper* es no parecerlo por la calle», me explicaba uno brasileño, mientras untaba sus pectorales de un aceite bastante perfumado y luego se colocaba una camiseta sin mangas de color naranja y unos ajustadísimos pantalones negros de tejido tecnológico, es decir, nailon. A mis ojos, siempre inexpertos, parecía bastante *stripper,* pero él afirmaba lo contrario. «Porque el *stripper* tiene que vender misterio, sorpresa, diversión». No sé si realmente venden todo esto, pero sí creo que han desatado una alteración social importante en el mundo de la musculación: ya que los antiguos forofos del anabolizante y el músculo redondo han decidido ceder esa estética al *stripper* para no confundirse con ellos. El modelo de chico bello actual, a la fecha en que esto se escribe, agosto de 2000, es delgado, con una cierta tripita y con aspecto a medio camino entre el mariquita dócil y el niño de familia bien pero con amistades equivocadas. El *stripper,* sin embargo, está detenido en los pectorales y bíceps de los ochenta, la tableta de chocolate por estómago y las piernas gruesas y superdepiladas. Alguna vez que he compartido lecho con este tipo de varón, no he podido evitar la risa, porque la mezcla de ingredientes es completamente neurótica. ¿Para qué músculos tan desarrollados si no tienen otra utilización que la contemplación? ¿Y para qué esa exaltación de lo aparentemente masculino, si luego luchan incesantemente contra el vello natural, incluso el que se desarrolla en la ingle? He llegado a ver varones tan depilados que he temido por su salud mental. «Pero es que una vez que empiezas a depilarte, ya no paras», me comentaba mi amigo *stripper.* Debe de ser igual que coleccionar objetos de cristal, que al menos en la mente del *gay* masculino con medios es uno de los afectos más duros de resistir: cuando te inicias con un cenicero de bacarat, no paras hasta comprarte la última escultura en vidrio de cualquier maestro veneciano.

Depilarse, muscularse, aparentar lo que no eres y creerte que de verdad lo consigues son fenómenos que el *stripper* regala a nuestra sociedad. La mayoría de ellos, al menos los que he conocido en Barcelona, que son legión (porque también es cierto que un *stripper* sólo tiene amigos *stripper,* y cuando conoces a uno empiezas a conocer el resto y acabas rodeado de números móviles anotados en tarjetas insólitas y todas con esos nombres como de bailarines de la compañía de Marilyn Monroe: Sergio, Manolito, Pedro, Kim, Stanley, Rodney, Arturo, Boris...); la mayoría de ellos, decía, quieren ser grandes estrellas del porno. Y esto lo encuentro supernovedoso. «Cuando deje lo de *stripper* voy a hacer unas veinte películas buenas, en Sitges o así, y luego me iré a Miami, que se hacen otras muy buenas», me decía mi amigo. *«¿Gays* o *hetero?»,* pregunté con esa vocación de comunicador que me persigue incluso en momentos superíntimos. «Tendrá que ser *gay,* donde pagan menos porque hay demasiados chicos en este momento. Pero no puedo hacer *heteros* aquí porque mucha gente sabe que salgo por sitios *gays* y por eso trato de no parecer *stripper,* porque todavía en España existen muchos prejuicios y la gente cree que todos los *strippers* somos *gays.* En una porno *hetero,* si saben que eres *gay,* te echan, aunque estés en medio de un polvo estupendo.»

Terrible, ¿no es cierto? El sexo continúa siendo tabú incluso para los profesionales del ramo. Yo siempre lo he promovido, el sexo, entre mis compañeros de trabajo, al menos cuando era guionista. Creo totalmente que en las oficinas todo el mundo ansía tener sexo allí. Es más, las oficinas están diseñadas para que el neófito aspire a follar en la habitación de las fotocopias, o en el baño. Siempre he pensado que esas comidas de compañeros de trabajo, donde reinan los convoyes de aceite y vinagre, se hacen para intentar acercar lo inacercable. En una ocasión, en mi primer trabajo en España, una joven se abalanzó sobre mí a pesar de que mi pluma, ayer, hoy y siempre, parece una segunda piel. Me he arrepentido más de una vez de no haberme dejado llevar, porque creo que así mi deseo filosófico de que todos los compañeros de oficina follen entre sí, sería hoy más real. En una Europa preocupada por el paro, a pesar de sus oasis de bonanza, mantener relaciones en el curro puede significar perderlo o mejorarlo. Y el equilibrio entre ambas realidades lo imposibilita, aunque sostengo que hay que dejarse llevar por el instinto animal y promover la carnalidad entre las fotocopias y ordenadores. Puede ser, también, que nos dé miedo ser endogámicos en exceso. Pero... ¿no está de acuerdo en que la sociedad en la que vivimos es cada día más y más endogámica? Todos somos primos de alguien, hijos de padres que en su día estudiaron con otros padres, viudos o ex de alguna persona importante o que al menos conocía a alguien importante, amantes de algún hijo de puta con una agenda personal francamente mejor que su propio ser. Si, reconózcalo, pertenecemos a una sociedad de conocidos, moviéndonos en los mismos aeropuertos, hacia los mismos destinos, flotando de evento promocional en evento promocional aprehendiendo todo aquello que pueda convertir nuestro funeral en la gran fiesta de nuestra vida.

Capítulo IX

El mundo pop te salvará del aburrimiento

Ah, adoro el pop porque, al igual que con otros nombres y frases clave, aglutina tantas cosas. Cierre los ojos un instante e intente recordar cuál fue su primer contacto con el pop. Seguro que son muchos. Mi hermano Rházil y yo dormíamos en una misma habitación, separadas nuestras camas por el póster de una exposición de Warhol en Caracas, donde avanzaba hacia su vuelo un Supermán de múltiples piernas, brazos y sombras en su ondulante capa. Un día le pregunté a mi madre qué pudo pasar con ese póster. Perdido, ido con las vivencias de la infancia que se van tan pronto.

Pero allí, ¿lo ve?, Warhol vigilaba mis sueños. Lo agradezco eternamente, porque él ha inventado el ojo, la conciencia, el estilo bajo el cual andamos en este cambio de siglo. Warhol creó la cultura de la fama, que no debemos nunca censurar ni criticar o vilipendiar: está aquí entre nosotros para ofrecernos información y, sobre todo, para ofrecernos otra perspectiva del mundo. Inventó el concepto de inventar tus *superstars* y cambiarlas a placer (sus Viva, Candy Darling, Baby Jane, Edie, el propio John Cage y Lou Reed de Velvet Underground). Promovió la fiesta, la noche, el desgaste espiritual como una manera de adquirir otro espíritu, otra identidad necesaria para la segunda mitad del siglo XX. Warhol estableció el criterio de no frontera entre la banalidad y la seriedad, entre lo revolucionario y lo clásico, lo innovador y lo aburrido. Todo pertenece a una misma coctelera. Todo debe agitarse para que sea tu propio ojo, al ver el resultado final, el que sepa separar la autenticidad de la trampa.

Warhol, Warhol, Warhol. En Nueva York siempre encontrabas alguien que le había conocido, que le había hablado, o a quien el propio Warhol le había dirigido la palabra con esa manera de hablar entre Marilyn Monroe y una rusa exiliada. Muchas veces, imagino, se trataría de mentiras para impresionar a un adolescente impresionable. Pero sé de dos o tres personas que sí estuvieron cerca de él y cuyas historias me enloquecen. Una de ellas, Pitita Ridruejo, que personifica en su propia anécdota con Warhol la característica más acendrada de su filosofía pop. «Él y su *troupe* se quedaron encantados conmigo (seguramente por el peinado, la delgadez, esa apariencia exacta de sofisticación europea que destila Pitita, y al mismo tiempo por su asociación, al menos en el tiempo, con el franquismo: Warhol amaba el poder y se burlaba de él para amarlo más). Yo acudí al Ritz para entrevistarlo. Cuando entré en su habitación, con mi hija, porque no quería ir sola, había deshecho toda la decoración. Arrojado las sillas a un lado, volteado los sofás, desprendido los cuadros. Como un terremoto, como si allí hubiera sucedido una revuelca tremenda.» Es maravilloso, porque seguramente Warhol discernió que la manera más efectiva para *shockear* a una *grand lady* era precisamente demoliendo la escenografía, el preciado decorado que una señora siempre distingue por encima de todo. «Yo no dejé traslucir un ápice de mi sorpresa. Tomé una de las sillas menos rotas, la levanté, me senté sobre ella y empecé a hablar con él de cosas normales: lo bien que había ido la exposición, lo simpático que era, etc. Y quedó encantado. Querían llevarle al Prado y él estuvo un minuto y preguntó a dónde más lo llevaríamos.» Warhol creía que las cosas que verdaderamente estaban muertas eran las más vivas, y viceversa. Le gustaba ver a la gente, pero sobre todo, la repetición involuntaria de sus actos cada día. Entrar y salir de un sitio, volver a entrar y volver a salir. Por eso dejaba que en su Factory prevaleciera el caos. Hasta que todo este desorden estuvo a punto de costarle la vida cuando Valerie Solanis, una enloquecida activista del feminismo y poeta todavía por vivir una revisión seria, le disparó. Solanis ya había disparado sobre una serigrafía de Elvis, hoy celosamente conservada por el Andy Warhol Museum. Pero esa vez dirigió el tiro al hombre que, como en el caso de Edie Sedgwick, había dominado la vida de su posible homicida hasta arrebatarle el alma.

Warhol era un demiurgo, y muy probablemente sí ejercía un control terrible sobre sus acólitos. Y eso lo hace más grande a mis ojos. Si poseía la información y los dones para construir un universo, ¿cómo no iba a subvertir las existencias de los que poblaban ese universo? Cuando le llevaron al hospital tras el atentado, Warhol preguntó si la noticia era primera plana de los *tabloids*. Para su enorme tristeza, el disparo de la Solanis coincidió con el de Sirham Sirham en la convención demócrata de Los Ángeles, y el rostro que ocupaba la primera página era el de Robert Kennedy.

En sus diarios —material de lectura obligada para el observador contemporáneo— Pat Hacket cuenta cómo Warhol ingresó aterrorizado en el hospital donde iban a operarle de un ataque de apendicitis. Cuando le preguntaron su número de seguridad social (el DNI del imperio gringo) y otro llamado Blue Cross, Warhol lo recitó de memoria. Siempre me ha resultado enternecedor este detalle: al final de tu vida, sólo eres un número. No existe verdad más absoluta en el pop.

La convivencia con la vulgaridad, el oropel, la información continua y la sociedad de consumo, son los ingredientes básicos del pop. Y en España, permítame, no hay nada más esencial que el pop. España toda es pop. A pesar de ser un país del Génesis bíblico, con su Siglo de Oro y los cuadros de Velázquez y la conquista de América, España no puede negar que se rinde, se pirra, ante lo nuevo, lo moderno, con una entrega que ya quisieran para sí sus vecinas latinas. Imagine el propio Descubrimiento, que ya tiene ese título tan pop, Descubrimiento (la frase de Flotats de nuevo flotando en el aire) y no Expedición Exitosa o cualquier otra cosa. No. España lo ha hecho todo en su existencia con criterio de fiesta, celebración, advenimiento de culturas, choque de posibilidades, quiebra de fronteras. Todo lo más pop de lo pop. A pesar de las masacres.

En una entrevista a *El País*, Fabián Estapé, ex rector de la Universidad de Barcelona y autor de *De tots colors*, asegura que la «transición la hizo el "Seiscientos" y no Suárez», un afortunado titular pop. Porque encierra referencias inmediatas y cuestiona la historia que nos han obligado a aceptar. Pero lo grande es que el «Seiscientos» es un producto español, no una referencia importada. Y el culto a la sueca, también contemporáneo al coche de marras, es completamente autóctono. De allí al triunfo de Massiel en Eurovisión, la inmarchitable cinematografía de Marisol, el atentado de Carrero Blanco, la coronación de los Reyes en paralelo a una nueva Constitución, el lenguaje Almodóvar, los pañuelos rojos de Bosé y los peinados de la Torroja en Mecano, así como las vicisitudes de la Jurado, la Pantoja y Raphael, conforman el mosaico de una cultura siempre jugando con su rol histórico, su peso mediático y su peligro de terminar atrapados en sus propias caricaturas.

Todo eso es pop, y desearía que defendiéramos con todas nuestras fuerzas intelectuales ese legado cultural. Con respecto a Franco, no está bien que como español de origen venezolano discurra sobre él, mucho menos en un libro sobre el *glamour,* dado que el caudillo, en su empeño típico de dictador por tomarse la vida demasiado en serio, jamás logró pergeñar *glamour* alguno. Pero insisto en que el culto a lo cotidiano, a la creación de mitos que muchas veces nos apresuramos a señalar con pies de barro, permitió que esta nación no se sometiera por completo al silencio, al terror y a la oscuridad. A pesar de ese régimen mediocre, de soldado con aspiraciones y resentimientos, España siempre ha logrado reinventarse y, de verdad, si algo tiene de bueno el *glamour* es justamente sobrevivir.

Todo lo que se mueve a su alrededor es pop, e incluso las nuevas terminologías, como lo posmoderno, minimalismo y demás están circunscritas al poderío del pop. No se es lo suficientemente posmoderno si no se entiende lo que está detrás de los retratos de Warhol. No se es suficientemente libre hasta que aprendes a leer el *Hola* y confirmas que es una especie de biblioteca de Alejandría de nuestra contemporaneidad.

El *Hola,* entendámoslo de una vez, es la Biblia, por más que a sus propios dueños, tan católicos, les perturbe la comparación. Quién iba a decirle al señor Junco Calderón que cincuenta y seis años después de gestar la obra en su propia cocina (gran lugar para hacerlo) hoy estaríamos calificándola de la publicación más seria e importante de nuestra lengua. Más viva que *El Quijote,* más esencial y leída que la Constitución.

Como se sabe, el *Hola* es producto del auge de las revistas de cotilleos cinematográficos, *Photoplay* y familia, que revolucionaron a su vez el ámbito de la prensa. Con un poco de *Life* (sobre todo sus secciones de vida animal y floral) y un poco de sabiduría femenina (esas insólitas recetas de cocina con las que se cierra la revista y que un día llevaron a Luis Racionero a exclamar: «¿Cómo puede ser que una revista termine sus páginas con un souflé?»; pregunta ante la cual no existe hoy día respuesta alguna), el *Hola* ha creado mucho más que un estilo y un *glamour...*, una auténtica industria totalmente pop y patriótica. El *Hola,* en sus cincuenta y seis años, nos ha llenado la existencia de iconos a los cuales convertir en presencias esenciales de nuestro devenir: desde la mismísima Carmen Polo (quien, a pesar de que duela reconocerlo, tenía un porte impecable, a medio camino entre el Cid y una Barbie anoréxica y morena; es más, podemos abrir la interrogante sobre si no fue ella, la señora Polo de Franco, la inventora de una enfermedad que hoy padecen nuestras adolescentes. ¡Qué estragos, en verdad, causan las dictaduras!), pasando por Farah Diba, Soraya o la Begum Salima, hasta aterrizar en mega Preysler, la tristísima Diana, superCarolina, y hoy día la siempre renacida de sus cenizas y llantos ficticios Mar Flores.

¿Qué haríamos sin estas portadas, sin esas declaraciones estremecedoras? Ejemplo: la princesa coreana Kimera ante el secuestro de su hijita Melody y dirigiéndose a los captores: «¡Por favor, lávenle el pelo y peinénselo cada noche!». ¿Habríamos cumplido la transición, sobrevivido la muerte de Kennedy, cruzado el triste desierto de dolor por el que atravesó Carolina tras la desaparición del padre de sus hijos si el *Hola* no hubiera estado allí, guía, confesor y luz impenitente? No. Pero lo grande de esta iconografía, de este edificio de frases, leyendas, imágenes y verdades, es que ha creado en el ser español un ojo educadísimo para asumir los devaneos de su tiempo. En España, y gracias a la educación subliminal de esta publicación, sabemos entender un culebrón, histórico o ficticio, al vuelo. Y eso, querido lector, es el triunfo del pensamiento pop: que lo cotidiano, todo aquello de lo que usted es testigo, le pertenezca y le sirva de ancla a la que sujetarse cuando su propia vida le resulte mediocre, triste o inútil.

Con el *Hola* la vida es más feliz. Ése podría ser un lema que tildaría a este capítulo de publicitario. Lo siento, si así parece. Pero me es imposible avanzar en esta disertación sin reconocerle a esta publicación el mérito de fomentar en nuestras vidas la conciencia *glamour.* Es cierto que generalmente nos ofrece un *glamour* extraño, pero que con los años gana y acierta. Natalia Figueroa es una de las mujeres más elegantes y lógicas de nuestro país y de esa galaxia *Hola.* Su matrimonio con Raphael, el príncipe de nuestro pop y uno de los reyes del *glam,* supuso uno de los hitos pop de esta publicación. Con Venecia de fondo, España es el único país que puede unir a una aristócrata con un *performer* consumado, sin que a nadie le moleste y además con la defensa de unos valores totalmente conservadores (familia, matrimonio, éxito, educación). Raphael es uno de mis personajes favoritos en el pop español. Rodrigo Fresán, un célebre escritor argentino, me contó que en una entrevista, después de un repaso divertido a sus canciones, Raphael le comentó: «El pop soy yo». Pues es cierto, porque Raphael es primero que nada una voz extraordinaria, que aparece en un país que empieza a recuperarse de sus grandes fracasos en la guerra civil: uno, que perdieran los que deberían haber triunfado, y otro, que sus vencedores fueran, en su mayoría, gente doblemente mediocre, por soberbios, conservadores y manipuladores. Pero en los sesenta, entre el «Seiscientos» y Marisol, surge este torbellino de voz, arreglos, manituras y gestos francamente desafiantes. Y enmarcado en un régimen, crea un estilo que no sólo está vigente, sino que es la única fuente de alimentación de todos los *performers* que le han continuado. Raphael es más grande que el tiempo que lo parió, y esto también es gracias al pop. Uno no puede estar en contra de Raphael porque haya cantado en los festivales musicales de la señora Polo o porque Franco esté junto a él en unas fotos. Él siguió adelante, los superó, los dejó atrás. Es cierto que el intérprete dice ahora que los artistas se deben a su público, como única excusa ante ese manchón político (quizá) de su carrera. Pero es que no necesita explicaciones: sólo hay que escuchar sus melodías, dejarse llevar por las secretas verdades de las letras de Manuel Alejandro, y encontrar muchas más transgresiones que en Los del Río o en las siempre amadas Azúcar Moreno. ¿Y dónde dejamos ese capítulo de triunfo soviético experimentado por el Niño de Linares? ¿Existe alguna respuesta que explique cómo el niño mimado de la pareja Franco-Polo enloquecía de erotismo y pasión latina a las turbas ex estalinistas y kruchevistas? La única respuesta es que el pop, como la belleza, es invulnerable.

Lola Flores es un ejemplo de *glamour* pop nunca del todo discutido. Sus películas demuestran unos *looks* irrepetibles. Esos ojos, esos maquillajes, ese gesto altivo y luchador, tan característico del *glamour,* son obra personal de Lola. Siempre la recuerdo sentada en el banquillo de aquel juicio por sus impuestos, con su marido y un fantástico turbante lavanda, como si fuera una Grace Kelly flamenca o una Dietrich en el papel de *Gypsy.* Y la mirada fija y luminosa en ese juez que se atrevía a formalizar una evasión de impuestos que con el paso de los años quedaría ridiculizada por los robos y dispendios de altos funcionarios del Gobierno. Pero Lola estaba allí, imperial y rodeada de su posesión más preciada (y la más amada por la cultura *Hola):* su familia, su turbante, su gesto, su saber estar. ¡Triunfo del *glamour* por encima de las leyes, de las razas, de la propia elegancia!

Adoro esta imagen, como adoro también el único recuerdo que tengo de esta gran señora, cuando acudí a la última fiesta de Navidad que dio, en el año 92. Millán, el célebre humorista de Martes y Trece, me invitó y fuimos para encontrarla en la puerta, su mano absurdamente hinchada por la cortisona, y determinada a recibir a cada uno de sus invitados. Marta Sánchez también estaba allí, por su amistad con sus hijas, pero también por el especial afecto de Lola hacia ella. Llevaba un abrigo de piel blanco y alguien comentaba que era demasiado para su edad y el rubio de su pelo. «¡Que haga lo que quiera!», dijo la Faraona. Una orquesta de salsa amenizaba la fiesta y lo encontré extraño: ¿cómo puede competir la salsa con un ambiente tan denso y cargado, musicalmente al menos, como el gitano?; ¿sería parte de sus celebraciones navideñas?; ¿un guiño, maravilloso, hacia esa Latinoamérica que tanto adoraba a esta dama? Lola Flores avanzó en su salón y esperó a que la orquesta terminara. Nadie bailaba. Cuando así fue, agradeció a los músicos su presencia, pero les advirtió que ahora vendría el flamenco. La gente empezó a animarse y ella se dirigió hacia los presentes y señaló unas sillas que estaban plegadas. «Cogedlas como carteras y traedlas aquí», que fue una imagen que hasta hoy me emociona. «Cogedlas como carteras»: convirtiendo las sillas en grandes bolsos de señora viajera. De pronto vimos el espectáculo de varias generaciones flamencas haciendo lo suyo, lo que de verdad venían haciendo, con o sin Franco, llorando a la Pasionaria o entendiendo a Serrano Suñer. Lola se levantó y hubo un silencio respetuosísimo. «Joaquín, chico, muévete tú primero», y se refería a Cortés, que estaba allí. Y el joven talento obedeció, brillante, un tanto más posmoderno que todo el entorno, sin duda, pero ideal para una celebración navideña tan extraordinaria. Lola se levantó a besarlo y entonces bailó ella. Un par de gestos, esas manos, el cuello, la mirada, un batir de cola sin cola y hubiera deseado que el siglo XX terminara esa noche, porque sentí que no me quedaba nada más por ver.

Sin embargo, la noche continuó y me perdí en la biblioteca del «Lerele». Había, entonces, esa noche, muchos *Al-*

manaques Mundiales, una publicación muy americana con la que compartí buena parte de mi infancia; una suerte de diccionario de la realidad geográfica, sobre todo, de los países del globo. Datos tipo: Venezuela: Población: 20 millones de habitantes. Extensión: tantos miles de kilómetros cuadrados. Los que estaban en esa biblioteca empezaban en 1960. ¿No es maravilloso? Tres décadas de datos geofísicos, geosociales, en la casa de una mujer que llevó a España al epicentro de esas estadísticas. Luego estaban los tomos de grandes clásicos y otras enciclopedias y, por encima de todo, un retrato, un dibujo de la propia Lola, en traje de cola, *by all means*, firmado por Jean Negulesco, uno de los directores hollywoodienses de reciente revalorización *(Tres monedas en la fuente, La sirena y el delfín...).*

La capilla ardiente de Lola, junto a la de Franco, son dos instantáneas clavadas en mi memoria. La de Franco, mucho más conflictiva, oficial, siempre a punto de desvanecerse totalmente en la memoria. La de Lola, en cambio, tan sincera por su devoción, tan enloquecida por la presencia de sus fervientes. Cada día necesitamos recordarla. Y esa necesidad, ese hambre de nostalgia e inmortalidad, son también los grandes legados del pop.

Julio Iglesias, para seguir en esta lista de figuras, no es necesariamente *glamouroso* y a su pesar, tampoco del todo pop. En una conversación que sostuve con Isabel Preysler, le pregunté si no creía que su ex marido era más bien una figura *New Age*. Preysler, estupenda, me miró fijamente y dijo que se lo pensaría. Julio Iglesias es todo lo que no podemos ser. Y sin embargo el tiempo —ángel y demonio— se lo perdona. Si escuchamos sus canciones cursis de los setenta, las encontramos divertidas y estupendas hoy día. Incluso con poder curativo, como bien describe la presunción de que el baladista sea *New Age*. Hay veces en que me planteo, junto a mi pareja, si cuando seamos viejos y estemos totalmente alterados por nuestras arbitrariedades y caprichos estéticos, no terminaremos por aceptar el sonido Iglesias ambientando nuestros hogares. ¿Por qué no? En una entrevista reciente, Alejandro Sanz —heredero pop de Raphael, Camilo Sesto, Bosé e Iglesias— reconoció su afecto hacia este nuevo Bartolomé de las Casas que es Julio, y agregó que también escuchaba a Bach. Todo es posible en este nuevo milenio. Bach, y más que todo Chaikovski, son compositores con un fuerte contenido pop, porque creaban melodías que hoy día serían *singles* auténticos. *El lago de los cisnes, La bella durmiente,* el *Cascanueces* y sus *suites* son como canciones de Michael Jackson o del propio Alejandro Sanz, y que se pueden escuchar surco a surco, como propios *singles* o *hits* de un álbum determinado. Iglesias es un autor a quien la vorágine actual convierte en clásico, pero muy pronto también en culto. Hombre, espero no entregarme mucho a él, pero le reitero que no deseo erigirme en contra de nada que me suponga una nueva frontera por descubrir.

Todo aquello que criticamos o que aparentemente nos mortifica de estos monstruos de nuestra cultura pop, debería deleitarnos. Porque ha creado un pozo sobre el cual reflejarnos. Toda cultura importante necesita sus monstruos para consagrarlos, despreciarlos y volverlos a venerar. Éstos son los nuestros. La Jurado, Camilo José Cela, Umbral y su vocación de convertirse en moral de ese siglo XX que se niega a agonizar, Pantoja y sus locuras sentimentales, su Paquirrín y sus Chabeli, las únicas hermanas Ordóñez, hijas de toreros, madres de toreros, víctimas de cánceres hiperrentables, y la temible Mar Flores, esa suerte de Eva Harrington de la vida real, la supuesta niña modelo, humilde y servicial que se prepara día a día para el momento en que le arrebate a la estrella para la que trabaja no sólo el estrellato, sino el marido, los amigos y los trofeos que culminen una carrera extraordinaria. Todos ellos son necesarios para morir de *glamour.*

Capítulo X

El paso del *glamour* al *Chic Campeador*

Es hora de empezar a decirlo. El *glamour* es agotador. Nos persigue, ¿o no se ha dado cuenta? Enciendes la televisión y allí tienes a alguien hablando de él o invocándolo. Acudes a cualquier tipo de fiesta y, zas, alguien te lo adjudica. Recoges un premio o llevas la basura al contenedor y te lo recuerdan. ¡Basta ya! Yo sólo quiero morir de *glamour,* no vivir a su lado.

Lo chic, en cambio, es mucho más difícil de conseguir. De entrada, hay que atravesar el pantano del susodicho *glamour* y aprender sus lecciones: nunca te detengas, asimila, asimila y a partir de esa vorágine depura y depura. Así se hace lo chic. Pero, ¿quién lo tiene y quién no? Es una pregunta agotadora. Bette Davis, despidiéndose desde un helicóptero, sobrevolando San Sebastián, fumando sin parar, ¿es chic o *glamour?* Probablemente ambas cosas. Preysler declarando al *Hola* que la única prenda que jamás se encontraría en su armario sería un mañanitas, ¿es chic o *glamour?* Sentido común, sobre todo: un mañanitas es francamente horrendo y como de una España asustada de sí misma. Liz Hurley con sus escotes Versace en un Oscar o un premio de televisión británico, ¿es perra o no? (véase el capítulo XIII). Sí, superperra, pero un poco chica Bond negada a envejecer, que es lo que siempre les sucede a las chicas Bond que no quieren suicidarse. Noel Coward, el dramaturgo y *showman* británico que provocó la ira de sus compatriotas al abandonar la pérfida Albión para evadir impuestos, es totalmente chic. Todos sus gestos, sus frases, su literatura, sus espectáculos televisados, su manera de alargar y alargar su acento inglés, son irónicos, rápidos, cultos, chic más allá del chic. El Taj Mahal es chic. Y el Empire State. El Palacio de Oriente, tristemente abandonado bajo los atardeceres de Madrid porque Franco tuvo la desgraciada idea de celebrar allí sus *rallies* y porque la reina Sofía lo encontró demasiado grande para educar a su familia. Pero es chic; es el palacio europeo más auténticamente urbano y capitolino que existe. ¡Hay que recuperarlo! La Familia Real ya está educando una segunda generación y un discurso fascista puede borrarse del mapa con un magnífico y *glamouroso* acto oficial. Lo contemplo todos los días desde mi casa y me entristece que esté vacío. ¿Qué mal puede haber hecho este edificio? Han sido sus ocupantes, no él. ¿Podría servir de algo recordar que Evita Perón se asomó a sus balcones y saludó con ese gesto a lo Sissi de las Pampas?

Es mejor no seguir porque se terminará por acusarme de pro-regímenes. Y no lo soy, pero no puedo negarme a reconocerle sus verdaderos aportes estilísticos. Si usted alguna vez visita la estación Vittorio Emanuelle en Milán, entenderá lo que le digo. El fascismo es mediocre, represor, absurdo en sus creencias superioristas, pero ¡qué estupenda estación de trenes diseñó, con esas escaleras, esas lámparas, esas dimensiones, esos esculturales dioses romanos observando el infinito! El propio Estadio de Berlín estremece. En realidad porque a medida que avanzas en su silencio, escuchas los gritos ensordecedores e invisibles de los nazis que creyeron establecer allí una nueva Europa. Y eso asusta mucho. ¡Están los gritos! Sobre el césped de verde invierno, entre las perfectas columnas de mármol. Pero también sobreviven las piscinas de competición y de salto, con sus elegantes barandas de aluminio y sus trampolines de sólido hormigón. ¡La soledad de esas piscinas es tan dura, tan conmovedora, tan real! Luego ves las estatuas de los héroes olímpicos que el Tercer Reich quería transformar en monstruos de carne y hueso, y que también despiertan en uno una emoción extraña. Quizá la emoción de la belleza prestada a los designios de la soberbia y de la megalomanía.

Y la propia megalomanía, ¿no es chic? Mire Versalles y sus jardines, las sinfonías de Lully, las fiestas con fuegos artificiales, las catedrales desde Santiago hasta el mismísimo San Pedro. ¿El Kremlin? ¿El Pentágono?, si me lo permite son edificios chic porque muestran una depuración de líneas, si bien el Kremlin tiene sus locuras y San Pedro, vaya, también. Demuestran la locura del ser humano. Ese deseo imparable por ir más allá. Más allá de la vulgaridad es probable que exista una nueva vulgaridad y más allá de esa nueva vulgaridad, la nada. Y más allá de la nada, el Chic Campeador.

Cuando tenía dieciséis años y chupaba todo lo que podía de Manhattan (sin segundas lecturas, que lo hice pero con los miedos típicos de quien vivía en la capital del herpes antes del desembarco del sida), salió a la venta ese gran libro de Diana Vreeland, *D.V.*, importantísimo hoy día para todo aquel que desee experimentar con lo chic, el *glamour* y la verdad de las cosas. Había leído todas las reseñas y todos los avances que sobre el libro habían hecho revistas como *Vogue* (donde ella, la Vreeland, fue directora artística y timón futurista durante la década de los sesenta) o *Vanity Fair;* un texto donde la Vreeland narra anécdotas reales con Wallis Simpson, Jackie, o ese encuentro que ella describe tan bien entre Helena Rubinstein y Coco Chanel en su piso de Manhattan: las dos mujeres, Rubinstein y Chanel, se saludaron y se retiraron a una habitación de la casa de Vreeland y permanecieron allí, a lo largo de la jornada, de pie, valorando cada una los logros de sus extraordinarias odiseas. ¿Mala educación o *glamour* imperial? Chic total. ¿Qué importaba la cena y los otros invitados si nunca más en la vida iban a encontrarse de nuevo Coco Chanel y Helena Rubinstein en casa de Diana Vreeland?

La historia me enloquecía hasta tal punto que sentí una fuerza nueva, un impulso más fuerte que cualquier otro: tenía que tener ese libro. Pero a mis dieciséis años en Nueva York, luchando porque me aprobaran el álgebra en mi colegio de expulsados del mundo estudiantil, era prohibitivo gastarse los dieciséis dólares de entonces (1983), el 30 por ciento de mi paga semanal. Al libro, además, había que agregarle el *ticket* del bus (más barato que el del tren y más seguro que el autoestop desde un pueblo conocido por su población *gay* de fin de semana), y los gastos de estancia en la capital del mundo. Porque es cierto que el libro lo podía adquirir en la librería local de New Hope, pero no es lo mismo. Otra regla chic: allí donde nace lo chic, hay que acudir en su búsqueda, como si fuera agua de Lourdes. Y ya sabía mi cuerpecito de efebo delgado, aunque de ligera barriguita, lo que significaba ir a Manhattan a la espera de ayuda ajena: una mamadita, alguna insólita habitación compartida en el Lower East Side, que a pesar de su creciente moda (luego sería el decorado de *Buscando a Susan desesperadamente)* no dejaba de encerrar peligros para un joven venezolano de piel muy blanca, labios muy rojos y ojos muy negros. Pero el impulso de poseer esa VERDAD ABSOLUTA en forma de libro me obligaba a vencer todos los temores y acudir en su búsqueda.

El azar, que cree en el *glamour* y en lo chic, acudió a mí. Mi *room mate* de entonces, Alessandro Rossellini, sí, nieto de Roberto, hijo de Renzo y sobre todo, sobrino de Isabella, iría a Nueva York ese fin de semana a la casa de la propia Isabella que se marchaba a Connecticut. «¿Te gustaría acompañarme?». *«Oh, God almighty, by all means»*, fueron mis estruendosas palabras.

Recuerdo mucho a la Rossellini de esas visitas. Es probable que ella no a mí, le advierto. Alessandro decía que las veces que vio a Ingrid Bergman en eventos familiares, se asustaba de la belleza de su legendaria abuelastra. Con su hija, sucedía lo mismo, con la diferencia de que Isabella hablaba varios idiomas al mismo tiempo: italiano en el teléfono, inglés en el telefonillo y francés con un invitado. Lo chic auténtico de una persona nacida en el más puro criterio de la globalización. Madre sueca y mito cinematográfico de la Metro *Glamour* Mayer. Padre italiano y padre, a su vez, del neorrealismo. Marido neoyorquino de sangre italiana, que en esa época era Martin Scorsese, nada más y nada menos. Me impresionó mucho su piel y que su habitación tuviera el primer tatami que vi en mi vida. La hija de la mezcla perfecta de Europa y Hollywod dormía en un catre japonés. La adoré.

Isabella, como siempre en esos breves encuentros, tenía prisa. Acababa de firmar el famoso contrato con Lancôme, que transformó las cifras a las que entonces podían aspirar las modelos, y recuerdo que se quejó, entre risas en esa cara fascinante, de que a partir de ese momento tendría que pintarse las uñas y los labios. Fuimos con ella... en el *subway* (tan Nueva York y nadie la molestó, lo cual no es de mucho sorprender porque en ningún *metro* del mundo he visto que perturben a famoso alguno, seguramente porque son sitios en la tierra donde de entrada no esperas encontrarte a uno, y si lo haces es un poco como: «anda, mira quién va en el *metro*»*)*. Quizá yo sí la perturbé mucho con mis opiniones sobre los adolescentes americanos. La dejamos delante de un estreno de Broadway al que acudiría antes de marcharse a Connecticut y de pronto me volví y vi en todo el escaparate de una librería... ¡el libro de la Vreeland!

Entré, como quien lo hace a la clausura de la exhibición de la Gioconda en el Louvre. Quiero decir: como si el mundo fuera a acabarse antes de que pudiera sentir este libro en mis manos. Y, ah, cuando lo cogí y palpé esa cubierta negra de letras espigadas y la mismísima Vreeland en un retrato sensacional con un increíble traje rosado de largo estival, en su butaca superdecó y una sombrilla detrás, sentí que mi vida tenía un sentido y que es éste que hoy nos reúne: vivir para disfrutar y hacerle disfrutar, querido lector. ¡Pero no tenía los dieciséis dólares! Lo juro. No los tenía. No me había atrevido a decírselo a Alessandro por ese miedo idiota que tenemos los pobres cuando disfrutamos de amigos más pudientes. Y Alessandro, viendo que yo había desaparecido, hizo lo mismo también. ¡No podía separarme de este ejemplar, porque ya lo había tocado, ya había sentido la influencia de Vreeland en mis dedos, ya era mío! Entonces, decidí robarlo. Eché un vistazo, había tanta gente, todas las cajeras ocupadas, los guardias agolpados en la puerta ante el ir y venir de famosos de un estreno. Pensé: tanto el azar como la fama están aquí para protegerme. Los guardias no se volverán mientras sigan mirando a Stephanie Powers (que entonces era muy famosa) y cuya melena y gestos de reinona alcanzaba a ver por el cristal. Tomé el libro, lo coloqué bajo mi chaqueta y salí hacia la puerta.

Alessandro estaba allí mismo, buscándome, y no pude hacer ningún gesto porque debía seguir adelante con mi preciado hurto. Llegué hasta la puerta giratoria, los guardias fuera observando a la Powers y sus flashes, la calle llena de gente, y yo con mi trofeo entre la barriga y la chaqueta...

Podría contarle dos finales de esta maravillosa historia. Uno, el triste, el desalentador, que empieza cuando esa puerta giratoria de pronto se paraliza y yo intento moverla y moverla, hasta que uno de los guardias se da cuenta de lo que sucede y me amenaza con su porra, y la puerta por fin se pone en movimiento y una dependienta supersevera me obliga a devolver el libro y me amenaza mientras yo, destruido, huyo hacia la muchedumbre con lágrimas en los ojos y una sensación de vacío y soledad que sólo Nueva York puede concitar...

Y, otra, la feliz, que consiste en que antes de que la puerta pueda paralizarse yo ya estoy en la calle corriendo y gritando: «Alessandro, Alessandro», y subo toda la Calle 45 hacia arriba para escapar de los seguratas y me adentro en el *subway* y me introduzco en uno de los vagones y observo con beneplácito que Alessandro también ha subido al vagón y que, mientras le muestro el libro de la Vreeland, los guardias quedan fuera, lelos y vencidos. El libro, amigo lector, está aquí, a mi lado, a lo largo de estos maravillosos dieciocho años. Es mi verdad. Es la Biblia del Chic Campeador.

Y lo que me gusta de estas dos historias es que ambos finales escapan a los convencionalismos del *glamour*. Intenté robarlo, o lo robé, ¿qué más da? Lo bueno es que no me lo hayan regalado, que no haya pagado por él, que esta aventura sucediera rodeada del azar. Porque así es todo en la vida chic: mezcla de azar y riesgo.

Hoy día sigo observando a personas chic. Las revistas de modas de nuestro país insisten en presentarnos a Rosario Nadal como paradigma. Y no creo que estén en lo cierto. La Nadal es una mujer que ha compartido opiniones con Valentino, el *couturier* que nos trajo el rojo (por cierto, el gran color favorito de Vreeland) y que vistió a Jackie para la boda en Skorpios con Onassis, pero que sobre todo se ha casado, Nadal, con un hombre deslumbrantemente guapo y chic él mismo. Hagamos una pausa, porque la propia Vreeland y Rosario Nadal tienen puntos en común: *a)* ambas se parecen al menos en ese hábito de abrir los ojos como espantadas; *b)* unos maridos relacionados con el mundo financiero y guapos... Porque Rosario no sería tan atractiva sin Kiryl, bello, atlético, hijo de unos reyes sin reino (Bulgaria) y que trabaja en Londres prácticamente en el mismo ramo en que lo hacía el señor Vreeland. Fue Londres también la capital donde Diana Vreeland inició su largo romance con el *glamour,* lo chic y la sociedad enrarecida que vio a Visconti, a Chanel, a la Duquesa, a Tyrone Power, a Jackie, a Onassis y a Callas llorar, reír y volver a llorar.

Pero Rosario, lo siento, no escapa a su rol de réplica. Se le ve demasiado cómo intenta parecerse a esta gran dama y cómo no existe nada auténtico en ella, al menos por ahora. Bien es cierto que el cenit de lo chic de la Vreeland llegó cuando ya había cruzado los sesenta años y que su reconocimiento como gran dama, no ya del *fashion,* sino de la cultura neoyorquina, no vino hasta que a sus casi ochenta años dirigiera el departamento de moda del Museo de Arte Metropolitano de Nueva York. Es decir, que Rosario tiene mucha vida por delante antes de que cumpla sus expectativas de nueva Diana Vreeland del 2000.

Pero los editores de las revistas de moda, los eternos relaciones públicas de las capitales promocionales del mundo, necesitan crear mitos. Por eso nadie puede ser realmente chic, porque no se les deja envejecer. Lo chic viene con los años, no aparece como el *glamour.* Es un largo paseo y muy pocos saben recorrerlo. Mucho menos si hay alguien detrás apresurándote.

El Chic Campeador es la verdadera gran bofetada al sistema, pues desafía todas sus frivolidades. En primer lugar, esa cruel dictadura de la edad. Como mi célebre diálogo con Preysler, por la cantidad de veces que lo he repe-

1. Wallis Warfield Simpson (1896-1986), la eterna duquesa de Windsor (aunque sin tratamiento real), nació pobre, pero entre familiares ricos. El *glamour* vino a ayudarla, hizo temblar a la monarquía inglesa con sus modales de americana moderna y trasplantada, convirtiéndose en la mujer más importante de toda una generación. Wallis Simpson es la matriarca del *glamour* americano. Con ella se creó la maquinaria para exportarlo a Europa. En la foto junto a su marido, el duque de Windsor, el 11 de diciembre de 1954

2 y 3. Tener estilo es un ejercicio de observación. Lana Turner, por ejemplo, destaca sobre el resto. Fue una persona creada desde las profundidades del artificio, aunque ella fue la primera en entregarse a esa transformación. La suerte, algo muy asociado al *glamour* (siempre azaroso), jugó un papel muy importante: la descubrió un cazatalentos en un bar y la convirtió en la chica del jersey ajustado. Y a partir de ahí, el tesón, la disciplina y la supervisión de la Metro Goldwyn Mayer conformarán el sello Lana Turner, un cóctel perfecto entre *glamour*, estilo y un algo más que sólo el celuloide puede convocar

4. Grace Kelly fue la mujer que convertiría un peñón en el Mediterráneo en fuente de variados ingresos. Siendo princesa serenísima de un lugar insólito, consiguió redimensionar Mónaco sin poder evitar que al final se convirtiera en su propia prisión. Pero... ¿quién dijo que el *glamour* garantizara los finales felices? En la imagen, el día de su boda con Rainiero de Mónaco (abril de 1956)

5 y 6. Cleopatra del *glamour*, Liz Taylor es la gran superviviente, la única persona en nuestra contemporaneidad que ha visto pasar ante sí los cadáveres de amigos y enemigos, de mitos y simulacros. Liz ha sido más longeva que cuatro papas al menos. De sus compañeras de trabajo en *Culver City*, ella ha presenciado la desaparición de casi todas

7. Al final de su vida, Marlene Dietrich —repleta de lentejuelas, visones, Las Vegas, Manhattan y todo Hollywood— se encierra en su piso de París. La emperatriz del *glamour* regresa a Europa y cierra el círculo. Nace elegante, deviene *glamourosa* y muere elegante. En París. (Archivo de Terenci Moix)

8. Si Hitler era el líder del Tercer Reich, Louis B. Mayer lo era de la Metro Goldwyn Mayer

9. Ava Gardner (1922-1990) era hija de unos humildes granjeros y, gracias a la fulgurante belleza que muestra en unas fotos que le hace su cuñado, en 1941 es contratada por la Metro Goldwyn Mayer. Actriz de gran belleza y carácter, fue uno de los grandes mitos de Hollywood

10. El *Hola*, entendámoslo de una vez, es la «Biblia», está más viva que *El Quijote*, y es más esencial y leída que la Constitución. El *Hola* ha creado mucho más que un estilo y un *glamour*. En sus cincuenta y seis años nos ha llenado la existencia de iconos a los cuales convertir en presencias esenciales de nuestro devenir. ¿Qué haríamos sin estas portadas? ¿Sin esas declaraciones estremecedoras? Con el *Hola* la vida es más feliz

11. Greta Garbo, en pleno apogeo de su carrera, e influida por el fracaso de su última película, abandonó Hollywood y se entregó a la soledad más absoluta hasta convertirse en un mito, en un fantasma que cruza y marca la historia

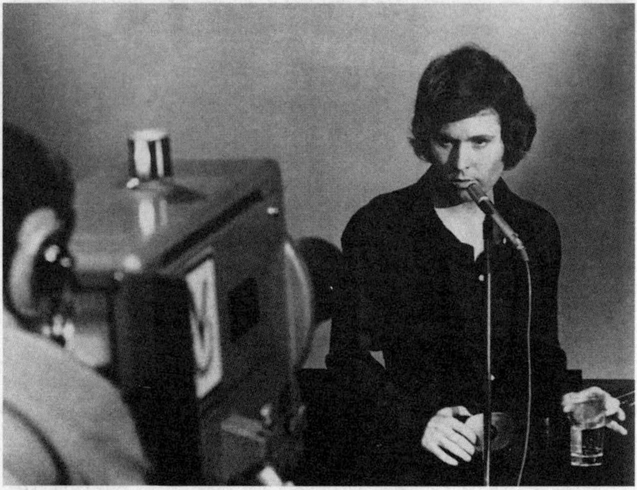

12. En los sesenta, entre el «Seiscientos» y Marisol, surge el torbellino de voz de Raphael, con arreglos, miniaturas y gestos francamente desafiantes. Enmarcado en un régimen, crea un estilo que no solo está vigente sino que es la única fuente de alimentación de todos los *performers* que le han continuado. Raphael es más grande que su tiempo, y esto también es gracias al Pop

13 y 14. Diana Vreeland y Rosario Nadal con sus respectivos maridos. Ambas se parecen al menos en ese hábito de abrir los ojos como espantadas y en tener unos maridos guapos relacionados con el mundo financiero. También tienen Londres en común: allí es donde las dos iniciaron su romance con el *glamour*. Obsérvese que la foto de Diana Vreeland es de los años treinta y mucho más moderna en estilo que Rosario Nadal. Vreeland impuso, Nadal imita

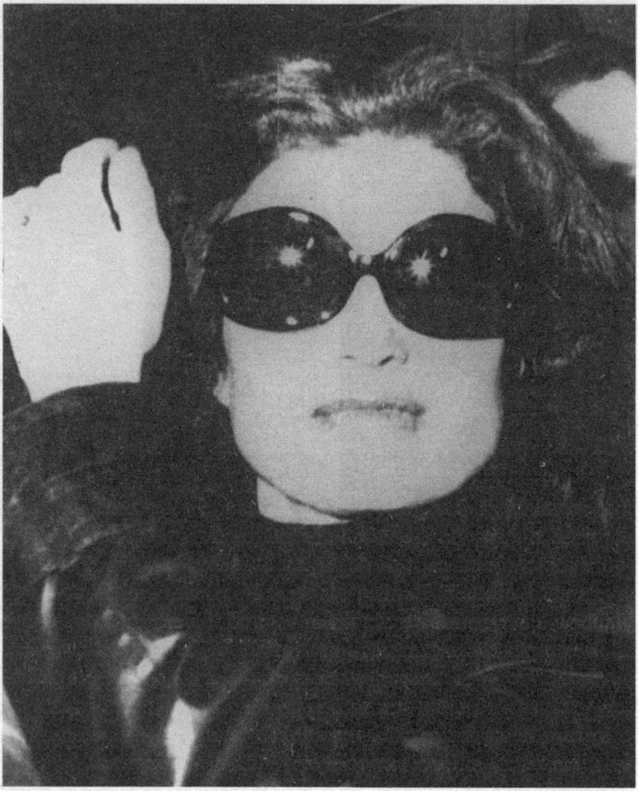

15. Jackie Kennedy Onassis fue siempre inteligente, siempre lúcida para entender la historia, las esquinas del peligro, las sendas prohibidas y el cruce libertario del *chic* campeador con el *glamour*. Mientras Onassis agonizaba en Europa, ella redecoraba su casa en Nueva York, consciente de que el final de su matrimonio ya era un papeleo de abogados. En la imagen, saliendo del hospital donde acaba de morir su marido

16. En el año 1966 Jackie, todavía marcada por el magnicidio, aceptó una invitación de la Casa de Alba para inaugurar el *Baile de los debutantes* en Sevilla. Jackie preside la mesa. ¿Y qué es lo primero que nos atrapa? Allí está, Jackie *forever*, levemente erguida, inclinada hacia adelante, hacia la diagonal de su mirada y de la inmortalidad que ésta le otorga. Desde su silencio, con su hombro desnudo, con su peinado protector y con el gesto imperial, arremete contra la princesa de Mónaco, con tal violencia que prácticamente la elimina de la foto, borrándola sin empujarla fuera de ella (esta foto se explica con detalle en el capítulo XV, Jackie *forever*)

17. Gays en la fiesta del orgullo. ¿Inmunes a la vulgaridad?

18. El universo Almodóvar viaja hacia el *posglamour*. En la imagen, el director junto a Salma Hayeck, Penélope Cruz y Cecilia Roth en la Gala de los Oscars de 2000

19 y 20. Conde impuso la gomina, ya se sabe y, desde luego, el look «libertad condicional» espléndidamente reflejado en esa mochila de fin de semana con la que le hemos visto en sus escapadas de Alcalá-Meco. Por otra parte, siempre me ha gustado el Villalonga de la «mata de pelo» irreverente a cualquier peinado; el Villalonga de pelo espeso, negrísimo, y con crecimiento al bies. El mismo tipo de pelo, por cierto, de Mónica Lewynsky. Y si de verdad existen los «separados al nacer» Mónica y Villalonga lo son bastante

21. «El Gran Hermano»: ¿dónde está nuestro error sin solución? En el devenir de los tiempos, la *jet set*, muerta y enterrada, renacerá y serán los envejecidos Ismaeles y Anyas de este siglo los que de alguna manera habrán germinado la semilla para mantener viva la esperanza del club de seleccionados. Anya —una de las concursantes— ha conseguido ser completamente artificial

22. Oscar Wilde, el *Chic Campeador*. No estaríamos aquí sin él

23. Truman Capote sostuvo toda su vida que uno no debía ser millonario sino amigo de millonarios. «El único precio que tienes que pagar es que algún día descubran a alguien más divertido, guapo y joven que tú y dejen de invitarte.» En la imagen, Truman Capote junto a Katherine Graham el día de la fiesta «En blanco y negro», que Capote organizó en honor a ella (Hotel Plaza de Nueva York, 1967)

24, 25 y 26. Tyrone Power, Robert Taylor y Rodolfo Valentino: ¿Dónde está Cary? (Archivo de Terenci Moix)

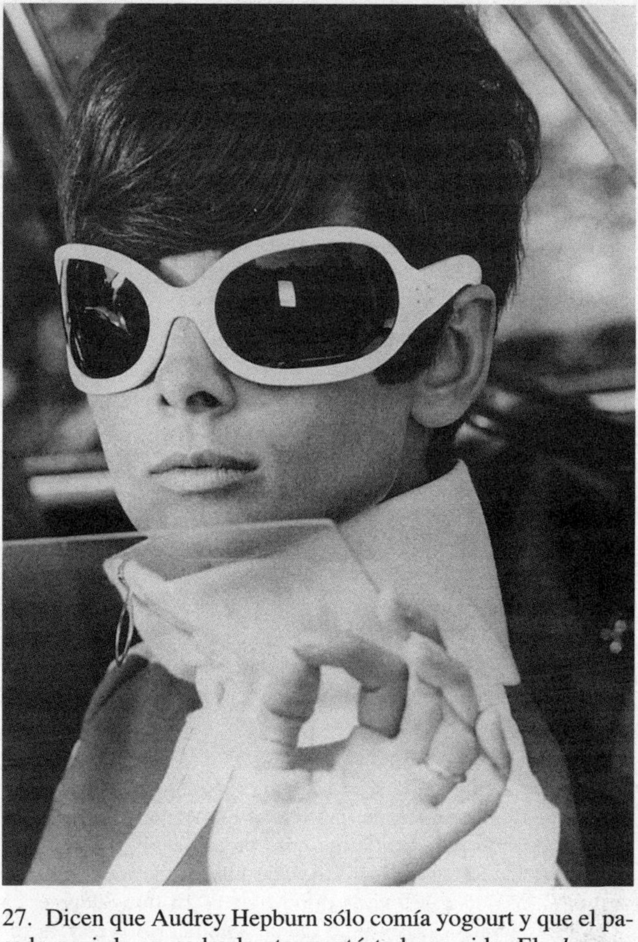

27. Dicen que Audrey Hepburn sólo comía yogourt y que el pasado nazi de su padre la atormentó toda su vida. El *glamour* siempre tiene algo que esconder. (Archivo de Terenci Moix)

28. «Lucía, la madre, la actriz, la mujer, emergió desde la cocina con una inmensa fuente de raviolis humeantes. Fue nuestro primer encuentro. Se sentó, me miró de arriba abajo y me preguntó por Catherine Fullop. "Cuando vino aquí, apenas estaba vestida." "Mamá, por favor", dijo Miguel. "Es que Sudamérica es toda exageración", continuó Lucía. "Mamá, Boris es venezolano." "¿Qué más da? —sentenció ella—. Aquí siempre escuchará la verdad".» (En la imagen, Lucía Bosé en su viaje a Moscú). (Archivo de Terenci Moix)

29. «La elegancia se basa en la sencillez», decía Joan Crawford. Magnífico hasta horizontes desconocidos el contenido de esta instantánea. (Archivo de Terenci Moix)

30. Con estos cubiertos, ¿en qué sitio ponemos el vino? En la foto, la actriz mexicana María Félix sentada a la mesa de su casa. (Archivo de Terenci Moix)

tido a otros amigos: «No hay nada que mejore con los años», afirmó ella, una prueba viviente de todo lo contrario. Sin perder la calma, ni el enorme respeto e inmediato cariño que su cercanía ofrece, contraataqué: «El estilo, Preysler, es lo único que mejora con los años. No puedes ser verdaderamente divino a los veinte años, porque te faltan cosas que establezcan los criterios de esa divinidad. A los cuarenta estás camino de ello, pero es a partir de esa edad cuando empiezas a disfrutar con aquello de ir limando tus errores.» Todos y todas las grandes son fantásticos cuando abandonan la juventud. Preysler, sin duda, la primera. Aunque mucho me temo que ella siempre ha sido la misma persona, con el mismo coraje, suavidad, tacto, esa innata capacidad de ser anfitriona incluso en el sitio más inhóspito, escondida siempre tras su perfecta sonrisa.

«Ya estás con la Preysler», me dicen algunos amigos. Y llevan razón. Creo que es una obsesión que acude a todos los que se acercan a ella. Su regla número uno, nunca verbalizada, es que no le gusta el halago ni que se hable de ella. Lo comprendo perfectamente: ella está en la vida para disfrutarla, no para recordar cómo lo consigue, que es aguar prácticamente toda la diversión. Me encanta ese tácito acuerdo de silencio. Infiere complicidad en el amigo y al mismo tiempo sostiene el gigantesco muro tras el cual prefiere pasearse. No hay nada de rudeza en su petición, fundamentalmente porque jamás lo pide. Se trata, como le he dicho, de una cláusula sellada y silenciosa. Y lo encuentro absolutamente moderno. Es la base exacta para crear el misterio. Y el misterio, ya se sabe, es el mejor acompañante de todo *glamour*, de toda aventura existencial. Hoy me atrevo a contar cómo una vez, para contrastar una noticia sobre uno de sus hijos, a los que defiende completamente, la llamé y escuché durante la conversación unos ruidos y unas pausas que me hicieron preguntar si convenía telefonearla luego. «De ninguna manera, te escucho perfectamente», dijo ella. Hablamos de varias cosas, noticias internacionales, pequeños escándalos nacionales, con los cuales es siempre aguda y vaticinadora. Y continuaban los ruidos y las pausas, de nuevo sugerí la posibilidad de llamar luego, pero ella insistió. Sólo al final de la larga conversación ella explicó: «Me estaba secando el pelo». Y, qué quiere que le diga, lo encontré genial. Haber participado de un momento tan terriblemente femenino, al otro lado del teléfono. Me dejó sin habla. Unos tontos amigos se burlaron: «Ah, ¿pero puede hacer las dos cosas, hablar y secarse el pelo?». Y respondí, enfurecido: «Claro que sí». Pero no está allí la magia, sino en que ella haya dejado para el último momento de la conversación esa aclaración. Lo desagradable hubiera sido postergar la llamada por secarse el pelo. Si las mujeres están tan pendientes de poder cumplir con todas sus obligaciones, y además pasárselo bien, esta conversación, con secador de por medio, es prueba fehaciente de que es posible. Y es prueba fehaciente de que Preysler no siempre va a la peluquería. Tiene cosas más importantes que hacer.

Días después, sin embargo, me quedé pensando en qué tipo de secador estaría empleando. Sin bromas. Pensé en uno de antigua peluquería, bajo el que se colocaban las señoras, y me maravilló imaginarme una sala de peluquería en su casa. Luego se me ocurrió la posibilidad de que me hablara desde un inalámbrico y con la otra mano movía el secador. Pero desistí. Lo importante en la vida es la primera impresión.

Una mujer con problemas de secador es Irene Sáez, ex Miss Universo, ex alcaldesa de uno de los municipios de Caracas, ex gobernadora de una isla del Caribe y ahora feliz madre en su exilio político en la Meca de todos los exilios latinoamericanos: Miami. Irene tiene una relación fascinante con la peluquería y sus adminículos. A saber, Irene, que en su casa la llaman la Bobita (¡qué crueldad!,

¡cómo son los familiares a veces!), inició su andadura *glamour* a través de los concursos de belleza. Antes de ser miss Venezuela, fue miss de su club de campo, «Los Cortijos». Y tras el triunfo en el miss Venezuela, pasó a convertirse en Miss Universo y a anunciar una cadena de gimnasios en Nueva York. Se transformó en una suerte de nueva Virgen de Guadalupe o Coromoto en Venezuela. Irene era como una especie de moneda nacional o un espíritu que abarcaba cualquier espejo y convertía al reflejado en copia de sí misma. «Incluso si voy vestida de un diseñador transgresor, Moschino, Allia, lo que sea, me miro en el espejo y no me veo a mí, sino a ella, a Irene, con su gran cardado de mechas rubias», me confesaba Vicky, una de mis mejores amigas. De repente, un verano apareció en la privatización de la compañía de teléfonos, sin ser operaria, ni esposa de accionista y ni probablemente novia de algún miembro del núcleo duro. Y la política, que no el mundo político, se rindió a sus pies. Ganó las elecciones como alcaldesa y se dedicó a hacer de su parcela de poder un ejemplo urbanístico de esa belleza cardada, rubia de bote, pero «venezolanísima». De pronto aquellos horribles policías municipales eran guapos mozos con uniformes de claras influencias British Colony, es decir, entre la Guardia Montada canadiense y los guardias del orden en Bermudas. El tráfico se congestionó al ver estos uniformes que delataban una fuerte corriente *gay-kitsch* en la administración de la ex Miss Universo. Decidió lanzarse a las presidenciales y fue perdiendo fuelle y control de su sobrepeso, ante la avalancha Chávez. Finalmente optó por un exilio napoleónico y aceptó la gobernación de Nueva Esparta (otro gran nombre, sobre todo para una isla más conocida por Margarita), y allí prefirió no languidecer, se quedó embarazada, parió y partió a Miami a fortalecer algún grupo de exiliados millonarios.

Pero durante sus últimos días como alcaldesa coincidimos en el descanso de un estreno teatral. Había adelgazado y, sorpresa general, transformado sus bucles de Miss Universo 81 en «desfilados» (una palabra de supuesto origen francés que la década de los noventa desparramó sobre todas las peluquerías del mundo y que consiste, como definió una amiga, en capitas hacia la carita). «Son un horror para peinarlos, Boris», confesó, «porque sabes lo importante que es para mí el orden, y con este pelo, corres un grave riesgo de parecer despeinada.»

Aterrado ante la importancia histórica, quise ayudarla.

—¿Y qué solución has encontrado? —le pregunté.

—Ha sido casi tan difícil como la propia campaña electoral. He puesto a mi equipo más próximo a la búsqueda del modelo de secador más diminuto que pudieran encontrar —me dijo.

—Uno que puedas llevar en el bolso, como el perfume... —agregué, intentado parecer cómplice.

—Aún más pequeño. Y con baterías suficientes para garantizar el *look.*

Quise interrumpirla, pues la palabra *look,* en una mujer sobre todo, me crispa a más no poder. Encuentro que cuando alguien la emplea es porque no tiene idea de cómo adquirir su propia imagen. Me callé, porque necesitaba saber el final de la historia.

—Mi equipo ha estado en todas partes, en todos mis viajes oficiales, averiguando, gestionando, preguntando.

—Por Dios, Irene, ¿y dónde encontraste un secador miniminúsculo? —dije cuando ya no podía más. La retórica de una alcaldesa puede ser eterna.

—En Australia. En Melbourne, para ser exactos. Yo no estaba cuando lo vieron, te advierto, pero una de mis chicas lo compró en el aeropuerto, en un *duty free...*

—¿Con dinero propio o fondos reservados? —interrogué.

—Por el nombre de mi madre, que Dios tiene en su gloria: dólares de una de toda la vida —dijo. Empezaba a caerme baba por la boca cuando ella abrió su bolso y extrajo el magnífico, aunque diminuto, aparato. Observé cómo le cambiaba la boquilla por otra con pequeñas garritas—. Voy a entrar en el baño y cuando salga quiero que me digas con sinceridad qué piensas.

Lo hizo, dejándome allí, en la soledad del poder, observado por todos y sin saber qué decir por si alguien preguntaba. «Hemos hablado de un minisecador de pelo de origen australiano que tiene boquillas intercambiables para varios tipos de peinado y se puede llevar en el bolso.»

Justo en ese momento en que ese alguien impertinente venía hacia mí con la frase: «dimeyadeloquehabéishabladoahora», moviéndose en sus labios, ella emergió del cuarto de señoras, totalmente rejuvenecida. Y su peinado, también. El *defilé* más *defilé,* toda la melena resbalándose sobre su cuello y pómulos en pequeñas ondas, suerte de sirena política con su especial homenaje a la Daryl Hanah que no pudo ser señora Kennedy.

—Dios santo, Irene, ¿cómo puedo saber que no es una peluca? —quise preguntar, pero ya sus partidarios la tomaron para devolverla a la sala, finalizado el intermedio. Me guiñó un ojo y apretó algo en su diminuto bolso mientras se alejaba.

—Dalo por hecho —aseguraron mis amigos cuando lo conté—. Era una peluca.

Aun así, creo que en alguna esquina del aeropuerto de Melbourne existe ese secador diminuto. Sólo le pido a la vida, y al Chic Campeador, que me dé fuerzas para conseguirlo.

Todo esto me hace pensar en mi experiencia más agotadora con la palabra *glamour.* Fue en Coslada. Sí. No lo he escrito mal: esa comunidad obrera extrarradio madrileña. Sucede con la fama televisiva que muchos pueblos te llaman para la lectura de los pregones de sus fiestas. A veces me pregunto si este tipo de cosas suceden en otros países, si se celebran tantas fiestas en el extranjero. En fin. Los pregones suelen coincidir con los veranos y me imagino que más de un famoso redondea sus ingresos con ellos. De esta manera recibo la invitación de Coslada para leer su pregón:

—No puedo hacerlo, creo, porque nunca he estado allí.

—Pero te adoran, Boris —me dijo el enlace—. No olvides que tienen un alcalde que ha sido de Izquierda Unida, a pesar de que ahora se ha desligado y se lanza a la reelección con partido propio.

—Dios, eso me da más miedo aún.

—Son muy tolerantes con la emigración. Y, desde luego, con la homosexualidad. Por eso te quieren, porque tú ejemplificas ambas cosas.

Siempre me sorprende la tranquilidad con que me recuerdan estas verdades. A veces lo encuentro... precipitado, y me parece maleducado. Es subrayar lo obvio, y eso sí que es una señal ineludible de vulgaridad. Pero me callo, porque al mismo tiempo acepto que lo hacen en plan mímesis: me lo han oído decir una y otra vez en la tele. Creo, además, que en el fondo es un alivio para ellos poder utilizar dos palabras que la señora Botella quizá no acepte en su entorno: emigrante y marica. Y por eso me callo.

—Pero, tengo la Feria del Libro. No puedo dejar la caseta, irme a Coslada, arengar unas fiestas y volver a firmar.

—Te pondremos un coche. Dirás tus palabras. Coslada tiene muchos encantos escondidos. Hay muchos rumanos en este momento...

Los problemas no hacen más que empezar. La editorial me necesita como cara joven, talento literario o mofa universal, nunca se sabe cuál de las tres refleja mejor la verdad, y no permite que me ausente más allá de los quince minutos que dure mi pregón. Me pagaban, confieso, mucho más que quince minutos. Pero quince, y en realidad diecisiete, es un numero que siempre me ha tentado. Encuentro ambas cifras, mire por dónde, muy elegantes. Bien, concedo, acudiré acompañado de las encargadas de prensa para no excederme. El terror, también, no hace más que empezar. Se agrega ese efecto histórico que nunca estamos preparados a asimilar: la fecha de las elecciones municipales. Nadie te advierte de estas cosas. Siempre te dicen la menor minuciosidad del clima, pero de unas elecciones nadie discute. Se vota o no se vota. Y punto. ¿Pero quién puede imaginar que existe un pregón? Servidor lo imagina apenas observa el comité que Coslada ha preparado para mi traslado desde el parque del Retiro hacia la ciudad periférica. Confieso que ante un peligro, necesito analizar el entorno, para hacer más cercano el vértigo o más esperanzadora la altura. Bien.

El alcalde de Coslada, me entero en el coche semioficial, ha prohibido los toros, y el pueblo está indignado. Como extranjero, espero paciente que se me pregunte qué opino de la fiesta nacional, pero el atasco es tan fenomenal que nadie pierde tiempo. La concejala de fiestas, no digo cultura, me incita a considerar entrar por una puerta determinada para saludar a su familia. Pronto descubro lo que de verdad sucede: el alcalde ha cambiado su chaqueta política y ha abandonado IU. La concejala, sin embargo, permanece fiel a Izquierda Unida y busca a toda costa que un retraso mío genere aún más críticas al ex compañero, ya criticado por la prohibición taurina. Todo demasiado lioso para entenderlo en diecisiete minutos, con dos agentes de producción de mi editorial atentas a cada paso y un calor preelectoral irritante.

El clima en el coche es acondicionado. Fuera, todo parece un paisaje lunar. Madrid y sus autopistas. La NASA se equivoca enviando naves al espacio exterior. Con ver estos paisajes castellanos, sin árboles o con ellos, siempre tan extensos, sabría perfectamente cómo es Júpiter a medianoche o Saturno en verano. Kilómetros de soledad desfilan mientras la campaña electoral de Coslada se infla y desinfla en el coche semioficial.

—Basta ya, Aurora, entrará por donde ha dicho el patronato de las fiestas y no se discute más.

—Pero mis hijos quieren conocerlo. Han leído a Marx.

Sigo mirando por la ventana. Dos policías esperan en la salida a Coslada Sur. Encienden estupendas motos y escoltan. Tengo un ligero terror a los escoltas. Son muy *sexys* para el servicio que prestan. Y siempre he preferido huir de algo que huela demasiado. Por una simple razón: si no huyo, permaneceré atrapado en su exageración quizá por mucho tiempo.

Llegamos al Ayuntamiento. Es como un coso romano. Con ascensor y ese rojo producto de mucho lavado de teja. Es un rojo apasionante, si se me permite la digresión. También soy un apasionado de los rojos. Éste tenía un punto entre el interior de la granada, que es el más bello de los rojos, y el cemento disfrazando su gris natural. Un ejemplo clásico de *glamour* urbano y espontáneo.

Me reciben. Un grupo de *maderos* igualmente camuflados empuja a la madre de la hija marxista y me dirigen hacia ese único ascensor. Ciérranse las puertas y dentro permanezco junto a dos guardias jurados impresionantes. Aclaro que así como disfruto del concepto escolta, no comparto la misma inclinación por el uniforme. Creo que cada trozo de ropa, cada tendencia que llevamos puesta, es siempre un uniforme. Aquellos que se categorizan como tales son demasiado *naïf* para formar parte de cualquier perversión. Sin embargo, los guapos españoles cosladenses que viven bajo esos trajes se deshicieron en elogios sobre mi persona. Me habría gustado detener el ascensor y hoy poder describir unas fantasías pornográficas, pero no era el momento. Tenía sólo quince minutos para dar el pregón, y en una misión lo que importa es su cumplimiento.

El despacho del alcalde bien podría ser la oficina de un director de teatro hispanoamericano o de Minnesota Heights, donde también deben de existir teatros prestigiosos. Estantería, ¡ese gran mueble español! Fotografías con marcos sencillos, sobre una mesa camilla, ¡ese detalle que ha hecho grandes maravillas por el gremio de los decoradores! Leyes, ¡la auténtica decoración! Y el alcalde antitaurino.

—Me gustaría saber qué mensaje piensa transmitirles —empieza.

—Algo ligero. Hace tanto calor —respondo.

—Es un honor tenerle como pregonero, pero también un riesgo. Entiendo que es su primer pregón en nuestro país. ¿Sabe usted lo que significa un pregón en España?

—No. Por eso he aceptado.

La secretaria, y una nube de familiares, nos dirige hacia una puerta incierta. Veo a la madre de la hija marxista, acariciándose el brazo. Intento acercarme, pero el alcalde me lleva, gira el pomo y siento el devastador vaho de un día de junio en la Castilla moderna. Alcanzo a observar un diminuto círculo de metal, a cuarenta metros del suelo. Ochenta, quizá. ¿Qué más da? La última vez que sentí vértigo fue anteanoche antes de entrar a un ascensor en un segundo piso. Un consejero detiene al alcalde y le dice algo al oído. El alcalde intenta asomarse y escucho, como atrapado entre hojas de chopos, las voces del público. No rugen, no. Pero son muchos.

El concejal coge aire y se planta en el círculo diminuto. Fuenteovejuna ha implantado un estilo de púlpito francamente ridiculizante. Escucho mi nombre y me lanzo al vacío como mejor puedo. Hacia el frente. Rápido giro hacia el público y nada de sonrisa. Ésta vendrá sola si el aplauso es cálido. Y lo es. Muy, muy cálido. Veo los chopos mecerse en las cercanías del Pryca, hoy Carrefour. Muchos rubios que distingo como albaneses, rumanos de Coslada. Señoras jóvenes, novias sin sus novios, chicos mirándome con sorna.

Y un cartel que pide «QUEREMOS NUESTRA FIESTA SIEMPRE». Intuyo el malestar. Y dejo caer la frase: «Sé que habéis pedido que os acompañe en estas fiestas porque os parezco divertido. También porque hay algo de mí que os resulta cercano. Creo saber qué es ese algo», digo, sin ningún pudor. Recuerdo que mis padres temían llevarme a los estrenos porque yo siempre decía lo que me había parecido la obra. Miro hacia esos votantes, taurinos o no, marxistas o no, kosovares o colombianos. Y me dejo llevar: «Creo que vosotros asociáis mis gestos, mi vestir, mi manera de pensar al *glamour*». El silencio impide que los chopos se restrieguen entre ellos. «Quiero deciros que el *glamour* es un estado de libertad. De saber que hemos hecho lo correcto con nuestras vidas y nuestros amigos.» Siento que el aire traicionará el poco contenido de estas palabras y finalizo: «Por eso esta tarde quiero deciros que Coslada es *glamour*».

Enloquecen. Tanto como yo, desde luego. Ahora, recordando y escribiendo, sospecho que es la magia de la palabra. Todo el mundo, por precaria que sea su vida, desea tener *glamour*. O conocerlo. O rozarlo, como si fuera un abrigo de pieles. Almas más sensibles lo asociarían a un hermoso cuadro. Otros, siempre cursis, a un atardecer. Pero el *glamour*, que es cursi, esa tarde fue, sobre todo, muy demagógico.

Por debajo de los aplausos crece en mí la certeza de que Dios me castigará y que la diminuta plataforma sobre la que parezco un ángel suduroso y politiquero se quebrará en dos y me lanzará al vacío. No sucede nada. Sólo que el alcalde, asumiendo que mis quince minutos han terminado, se une a mi figura y recibe la más sonora y despiadada pitada de su carrera política. El *glamour* tiene esa parte protocolaria que siempre me ha dado risa. Sé que debo hacer algo por cortar el bochorno al alcalde, pero al mismo tiempo no puedo frenar mi curiosidad. Su reacción es la de un profesional: aguantar. Entre los pitos, el vacío, los chopos y el calor, escucho mis propias palabras: «Coslada es *glamour*».

El ascensor con los divinos seguratas se convierte en un pasillo que conduce a la puerta abierta del coche semioficial. Las editoras esperan en otro vehículo para devolvernos al Retiro. Alguien me alcanza el sobre con mis honorarios, en forma de talón. No es fácil escribir esto, una frase como la mía debería ser gratis. Sobre todo, porque de los quince minutos, catorce se emplearon en asimilar la propia frase.

La luz de la Castilla moderna vuelve a recordarme a Júpiter y observo a los cosladenses más jóvenes seguir el coche con risas, cortes de mangas, pelos morenos, cejas rubias, labios orientales, dientes teñidos de guerras civiles sin sentido. «Has estado genial. Fatal para el alcalde. Mañana le echan», dicen en el coche. Escucho de nuevo mi propia voz: «Coslada es *glamour*», y pienso en ese maravilloso momento de Cecilia Roth en *Pepi, Luci y Bom*, cuando pasea en un coche similar por la periferia madrileña y se pregunta qué es el amor, qué es el amor. No me atrevo a trasladar los interrogantes, hasta que me despierto sobresaltado en la larga madrugada. ¿Qué es el *glamour?* Y de nuevo me quedo mirando el vacío. El lunes siguiente, tras los comicios municipales, descubro con tristeza que, en efecto, el alcalde había perdido. Estoy seguro, y me arrepiento hoy al escribir, de que mi frase tuvo mucho que ver. Incluso más que el veto a los toros.

—Entonces —me dijo un amigo—, échale la culpa al bendito *glamour*.

CAPÍTULO XI

LA TRASTIENDA DEL *GLAMOUR*. MILLONARIOS, COLADOS Y ARRIBISTAS

Bob Colacello escribió en su libro *De la A a la Z, la filosofía de Andy Warhol* que el pasatiempo favorito de ambos era ver gente en los grandes hoteles. Lo hacen juntos en el Excelsior en Roma antes de acudir a una fiesta. Ven entrar a Ursula Andress, varios príncipes romanos, y por último a Liz Taylor, que se sienta junto a ellos a compartir el mismo placer. En un momento determinado un millonario avanza con su mujer y Colacello tiene un momento de lucidez absoluta: «Andy, mira, ¡los ricos caminan despacio! Van más lentos que el resto de la gente». Y es verídico. Si algún día tiene usted oportunidad de observar a un rico, fíjese que no anda, se desliza. Seguramente para esquivar atentados, posiblemente para que cuando le apresen por enriquecimiento ilícito no pierda el *glamour* o quizá debido a un problema podológico que le impide moverse ágilmente. «El dinero pesa», le decían los sobrinitos del tío Gilito al mismo. El niño izquierdista que reside en algún recoveco de mi interior me obliga a pensar que los ricos se mueven así por culpabilidad, porque les aburre ser millonarios. Debe de ser cierto: todos los millonarios que he conocido, tanto en la ficción como en la realidad, necesitan estar entretenidos. No es que lo adoren, es que lo necesitan para no morirse de aburrimiento. Y es triste destino entregarse al rol de bufón para la alta burguesía, que es la más necesitada, porque la aristocracia ya es en sí misma bufonesca dentro del globo democrático que habitamos. Truman Capote, el adorado Truman, sostuvo toda su vida que uno no debía ser millonario, sino amigo de los millonarios. De esa manera, el yate no es tuyo y lo disfrutas más; el avión, también, y las casas de veraneo e invierno, y sus fiestas. El único precio que tienes que pagar es que algún día descubran a alguien más divertido, guapo y joven que tú y dejen de invitarte.

Por eso me gustan los arribistas, creo que es una clase social cada vez más contemporánea. ¿Quién de nosotros puede decir que no lo es o no lo ha sido nunca? Muy pocos, sin duda. Escalar socialmente es una de las actividades más necesarias, deportivas y auténticas de todo lo social. Si uno está en la vida para cumplir lo que desea, no tiene más remedio que hacer cuanto pueda por conseguirlo, ya sea una Eva Harrington, una Mar Flores o un Boris Izaguirre. Se supone que no se ha de herir a nadie, pero si hay que dejar a alguien detrás, conviene asumir la idea de que en algún momento de la vida volverás a encontrarlo y podrás ofrecerle una explicación.

Personalmente, soy más un colado que un arribista. Sí, porque el arribista halaga y baja la cabeza para llegar un día a cortar la del que recibe su reverencia. En cambio, el colado disfruta con saber que algún día reunirá a todos los anfitriones de las fiestas donde ha ido sin invitación, en una que celebre su éxito total. Yo sueño con esa fiesta y me gustaría resucitar a algunos que no pudieron llegar a verme hasta aquí. Mientras fui colado en Caracas, por ejemplo, me divertía tanto y lo hice con tanta frecuencia, que empezaron a llegar las invitaciones. Es el fin de una época gloriosa, porque te conviertes en uno de ellos, de los invitados, y pierdes esa cosa loca, demente, salvaje de aparecer donde nadie te espera, y sin embargo, al menos durante esa aparición, eres el centro de la fiesta.

Cuando vine a vivir a Madrid, iba a las fiestas en mi calidad de acompañante de Lucía Bosé o de algún miembro de la familia. Me entusiasmó siempre que llamara la atención mi acento venezolano y juré nunca deshacerme de él. Todo lo que llame la atención es vital, como arribista, *glamour victim* o colado. No lo olvide nunca, coja un post-it y clávelo en su frigorífico ahora mismo. Todo. Y llevaba también una melena acaracolada que sacudía con frecuencia. La mano de Lucía fue abriendo puertas que, a su vez, abrían otras puertas y otras y otras. El juego de puertas y espejos que las prolongan en el eterno horizonte es una de las claves sociales del arribista consumado. Conviene, aconsejo, nunca mostrar impaciencia por aquella que tanto deseas que se abra. Llegará. Y es probable que no te encuentre en tus maravillosos veinticinco años, sino a los cincuenta. Pero, ¿qué más da? Habrás pasado veinticinco años descubriendo puertas y salones.

Los arribistas y colados tienen un punto en común. Creen necesario comentar las casas ajenas. No se atreven a robarlas, generalmente no les invitan a pernoctar en ellas, se entregan entonces al comentario interiorista. Yo mismo lo he hecho, he comentado casas, a veces, con una acidez excelsa, aunque no me parece justo. Cada quien hace en su casa lo que quiere. Se supone que es una expresión de tu alma. Una expresión sublimemente materialista, claro está, y por ende proclive a la crítica y la mala leche. Esos millonarios que caminan despacio, sin embargo, decoran a toda velocidad y generalmente hacen cosas que te obligan a pensar «con ese dinero yo habría hecho algo mucho mejor». Pero, ¿quién puede afirmar que no sea esa la secreta intención de la decoración? Echarte en cara que sí, que a lo mejor tienes mejores ideas, pero no el dinero. Por eso, dejé de criticar casas y todas las encuentro entrañables; palabra, por otra parte, que detesto, aunque queda divina a la hora de halagar un hogar.

Los senderos prohibidos por los que cruza la vida del diletante *glamouroso* se abren y se cierran como violines en una orquesta de los años cincuenta. Es una frase larga, pero verdadera. Recordando mis primeros intentos de adquirir *glamour,* me veo junto a Perucho y tantos otros amigos acudiendo a las fiestas de la *High,* la alta sociedad tipo *Beautiful* de los ochenta; a las bodas de la capital internacional de estos eventos; a las cenas para agasajar a personajes tan intrínsecos como el Príncipe Dimitri de Yugoslavia, Kenzo —siempre apareciendo en mi país como de soslayo, en ruta hacia otra nación más prominente—, algún que otro Kennedy o el mismísimo Borges exigiendo asistir a una «capea», que es ese remedo de rodeo llanero donde al toro se le persigue con un caballo. Todo el mundo decía, ¿y cómo lo va a ver? Y el mismo Borges, en más de una entrevista, respondía con media sonrisa: «Sé ver con las manos». Y la gente aplaudía. Hicieron la capea, y las fotos de Borges sonriendo hacen sospechar que sus manos tenían pupilas escondidas. Luego, en un cóctel celebratorio al que fui con mis padres, coincidimos con él y la Kodama (la que más adelante sería su viuda jovencísima y muy, muy chic al estilo chic de una intelectual-sobria-argentina con marido megaescritor-enterrado en Suiza) dentro del ascensor que llevaba al fiestón. Borges preguntó, ante un silencio respetuosísimo, cuál era el piso y yo, con mis dieciséis años de audacia, dije «el nueve, piso nueve». Y entonces Borges estiró la mano, apuntó el dedo hacia la botonera y pulsó... el nueve. Veía, nos engañó a todos.

En fin, todos estos personajes aparecían en mi ciudad y era como una obligación, cargada de nerviosismo y sobresalto, ir a donde estuvieran. Con o sin invitación. Cuando Kenzo, el diseñador japonés, visitó Caracas, todo resultó una locura porque coincidió con el auge del consumo de cocaína de los *middle eighties*. Durante la cena, opípara, bandejas y bandejas de manjares que nadie comía, salvo el pobre Kenzo —intentando ser amable—, un acompañante suyo muy corpulento y francés, y un servidor, como siempre respondiendo a su calidad de gorrón. El resto de la mesa era un enjambre de mandíbulas batientes, risas locas e idas y venidas al baño. En medio de todo el ajetreo, Kenzo parecía un monje budista, con su pelo supernegro a lo Mireille Mathieu, imperturbable a la revolución espolvoreada que sucedía alrededor.

En noches como ésa, donde se mezclaban las drogas con algún nombre de prestigio internacional, se desataban en nosotros —los pobres *gays* caraqueños ansiosos de vivir todo lo que leíamos en el *Vanity Fair*— los peores instintos y terminábamos siempre buscando sexo en las calles más peligrosas de la ciudad. Fue una especie de deporte prohibido que hacía exaltar nuestro deseo de *glamour.* Bajar a lo más pedestre, lo más peligroso, lo más oscuro para emerger de allí aún más rozagantes para el siguiente encuentro *glamouroso.* Lo hacíamos con frecuencia. Y a veces, cuando regreso a Caracas, encuentro a las «víctimas» de aquellas jornadas vampíricas, trabajando como porteros o bien ya dueños de aquellos bares donde íbamos a buscarles. Ellos han logrado mejorar, igual que yo, y me tranquiliza. Lo que continúa asombrándome de esas aventuras es la búsqueda loca de un equilibrio no escrito entre lo supuestamente elegante con lo más vulgar, básico e instintivo de nuestros apetitos sexuales descarnadamente abiertos. Seguramente porque el artificio del *glamour,* ya lo sabe, necesita lo vulgar para brillar aún más.

Este deporte, sin embargo, cobró varias vidas. La más cruel, sin duda, fue la de un gran amigo asesinado en su propia casa posiblemente a manos de estas «criaturas de la noche». El crimen conmovió de tal manera a mi generación, que selló el fin de los ochenta; una década que, aun sumergida en la deuda exterior, fue totalmente salvaje. Su funeral terminó por sacudirme más. Él, que había sido anfitrión y *couturier* de lo mejor de esa *High* espléndida y en perenne movilización de fiesta a fiesta, no fue acompañado en el entierro más que por su estremecida familia, una actriz de telenovelas y yo. En un momento determinado, mientras las seis u ocho personas que estábamos allí nos mirábamos, llegó una mujer deshecha en dolor a arrodillarse frente al féretro lanzando gritos de aguda congoja. Se levantó a duras penas y fue hasta el cabezal y se echó sobre el cuerpo embalsamado. De pronto, la mujer abrió los ojos y cesó su llanto horrorizada. No era su deudo, se había equivocado de capilla en el tanatorio.

En ese momento me di cuenta de que mi vida en Caracas también había muerto.

Capítulo XII

Au revoir le Concorde

Hay cosas que marcan nuestras vidas y configuran una generación. Siempre he defendido que si para mis padres la muerte de Marilyn fue el fin de un sueño y el paso cruel a la madurez, en nuestro caso, los nacidos tras el suicidio del mito sexual, ha sido la muerte de Diana de Gales el paso hacia la edad adulta.

¿Dónde estaba usted cuando sucedió? Yo intentaba conciliar el sueño en un hotel de Estepona, El Paraíso, donde vivíamos los que grabábamos el programa de televisión «Inocente-Inocente». A medianoche me desperté sobresaltado, pero no se me ocurrió encender la televisión para no despertar a mi novio. Desde entonces he pensado en varias ocasiones reservar habitaciones separadas en los hoteles para que esto no vuelva a sucederme. Estoy de acuerdo con que las parejas duerman separadas. No creo que rompa para nada ni el deseo ni el vigor de la relación. Y de haber encendido la televisión en ese momento de sobresalto, me habría encontrado, al menos en la televisión alemana (que fue la primera en dar la noticia), con la imagen del Mercedes convertido en amasijo de hierros.

Al día siguiente, desayunando en el hotel, vino hacia mí una de las actrices del programa con la cara descompuesta. En un principio, creí que volvía de Puerto Banús de haber conocido a una de las momias gangsteriles. Cuando logró hablar y contarlo, quedé tan atónito. De verdad. Sentí que algo verdaderamente irreparable acababa de suceder. No porque quisiera a Diana, no, sino porque se rompía en mí ese espíritu descuidado y yo abandonaba, de golpe, la juventud. Era nuestro último día en el hotel y decidí encerrarme en la habitación, pegarme al televisor y seguir la evolución de una muerte que empezó en tragedia y finalmente, gracias a la BBC, la CNN y la RTL, se transformó en mito. Cuando Blair apareció conteniendo las lágrimas, llamándola princesa del pueblo y recordándola como un ser humano extraordinario, se me volcó el corazón y desde entonces tengo este desorden emocional que consiste en llorar sin razón alguna delante de la televisión.

Al día siguiente, mi casa en Madrid empezó a llenarse de gente, nuestros amigos, que venían como necesitados de una explicación. Se inició así una especie de vigilia que recuerdo con enorme cariño. El *shock* tan grande, el morbo tan pertinaz, la televisión conectada a todos los canales, el traslado del cadáver, que fue una repatriación, las imágenes del Pont de l'Alma, los *paparazzis* apresados, el Fiat blanco que jamás apareció..., todo fue permutándose en elementos de nuestro propio dolor. Y luego, las flores apilándose en las rejas de Kensington Palace como una peste vengadora hacia Buckingham Palace. Cuando al final la Reina y el Duque de Edimburgo decidieron salir a recoger algunos de esos ramos, todos los que estábamos en casa empezamos a gritar improperios. «Nunca verás algo igual en tu funeral» y cosas más *heavy*. Estábamos enloquecidos y al mismo tiempo estableciendo, por primera vez, nuestros criterios más sinceros, los que de verdad nos pertenecían. No eran lágrimas por Kennedy o Marilyn, ni por la llegada del hombre a la Luna, ni por el éxito de la revolución cubana. Ni por el final de la Segunda Guerra. No. Esta vez era nuestro acontecimiento. Seguramente más frívolo que los otros, sin duda, pero no por ello menos trágico. La muerte, violenta y cruel, de una princesa que representó nuestro criterio de sueños mediocres y verdades alteradas.

La vigilia duró seis días. Recordaré siempre cuando el féretro de Diana salió de Kensington hacia Westminster para recibir el funeral que vio la mitad de la población mundial. En ese momento la BBC conectaba con la calle frente al palacio, en plena noche. La gente estaba acordonada y, de pronto, el impresionante coche fúnebre emergía y avanzaba hacia una lluvia, hacia una tormenta de flashes. Pensé que ésa era la verdadera despedida a Diana, bañada por el brillo metálico y constante de los miles y miles de flashes que siempre la persiguieron. El retrato trepidante de la auténtica reina del *glamour.*

Otra de esas vigilias televisadas de nuestra historia generacional es la muerte de John John. El día en que la avioneta se dio por perdida, mi novio y yo tomábamos un avión hacia Nueva York para visitar a mi hermana. Fueron tres días de espeso calor, una *heatwave* como no se vivía en Manhattan desde hacía quince años. La noche del lunes, cuando todos sabíamos que era imposible que los encontraran vivos, nos acercamos hasta la casa de la pareja, en Tribeca, y vimos allí, al igual que en Kensington Palace, las flores apiladas en los peldaños y la puerta y en toda la cerca del edificio. Recuerdo a una reportera de un canal local. Se atusaba la melena y se corregía el maquillaje antes de dar su reportaje frente a la cámara. La muerte de la celebridad se convierte en «vigilia» de nuestro interés, pero, a su vez genera estos instantes de surrealismo urbano, de nuevo realismo mágico que vuelven a enturbiar la precaria relación de la ficción con la realidad.

Hoy me despierto sobresaltado por el fin del *Concorde,* ese pájaro de acero que fue mi sueño de *glamour* nunca cumplido. Siempre quise viajar en él. «Es bastante incómodo», me dijo un día Preysler cuando comentábamos lo sucedido a Diana Ross a bordo de uno. A saber: según los *tabloids* británicos, mega Diana Ross se había quitado las botas y estaba estirando sus pies, «algo que siempre hago cuando estoy cómodamente en el avión», comentó en sus declaraciones. Y zas, aparecieron agentes de Scotland Yard y se la llevaron. «¿Con las botas puestas o descalza?», me preguntó Preysler, y reconocí que la noticia no aclaraba ese vital detalle. Entonces Preysler me dijo que le parecía muy impropio que la Ross hiciera eso, especialmente en un *Concorde,* donde todo es Primera Clase y los asientos están muy cerca uno del otro. En otra ocasión, con Nacho Duato, insistí en saber más sobre la incomodidad de mi sueño aeronáutico. Él fue más optimista: «Es tal el subidón cuando estás allí y a las tres horas y media en Nueva York, que lo perdonas». Y otra pasajera más del *Concorde,* Rosa María Sardá, agregó que «en realidad, no te das cuenta de lo que comes, porque entre que te lo sirven y desembarcas, se te ha ido el tiempo». Creo que existe una nueva clase de viajero de lujo que es el superviviente del *Concorde.* Lo desagradable es que no puedo incluirme entre ellos. Y me entristece enormemente..., porque el *Concorde* viajaba a Caracas cuando había aquella ruta a Río de Janeiro. La primera vez que cruzó el cielo de mi ciudad nos dieron el día libre en el colegio para verlo. En la televisión aconsejaban alejarse de las ventanas ante el riesgo de que estallaran los cristales por la ruptura de la barrera del sonido. Fui por todas las casas de mi calle alertando de este peligro. Y en una de esas casas, a través de un cristal que se estremecía, lo vi. Vi al pájaro de acero totalmente blanco, con su pico inclinado y esas alas tan estrictamente sofisticadas. Sin duda, uno de los días más felices de mi infancia. Mi tío Felipe, que fue aviador, me llevó un día al aeropuerto Simón Bolívar a verlo. Y llegamos tarde: acababa de despegar. Fue traumático, pero yo me acostumbré a recordar esa visión, milagrosa desde luego, que le he contado. No fue hasta pasados muchos años, cuando en un viaje a Heathrow lo vimos, en tierra. Y me prometí que subiría.

Pero, ahora, estoy aquí de nuevo con mis amigos de las vigilias, cambiando de canal, buscando más y más información sobre la catástrofe del 25 de julio (el *Concorde* se estrella en París a pocos minutos de despegar). Este día, precisamente el día de la creación de Caracas (que por eso se llama Santiago de León de Caracas), terminaba un siglo que se inició con el hundimiento del *Titanic*. Y para nosotros, los de las vigilias-*glamour*, supone un momento también definitivo: no sólo hemos dejado de ser jóvenes, ahora sabemos que jamás volveremos a ser niños.

El *Concorde* fue el símbolo del *glamour*. Ser parte de sus viajeros era un privilegio. Y, lógicamente, habría toda una manera de vestirse para ese vuelo. En su biografía, Boy George cuenta cómo él mismo se vio tan acostumbrado a tomar el *Concorde* para ir a fiestas a Nueva York que llegó a detestarse a sí mismo por ser tan «asquerosamente sofisticado». A lo mejor la elegancia se encuentra en cogerlo sólo una vez en tu vida, como la Preysler y la Sardá. O tal vez sea mucho más sofisticado y chic haber admirado sus formas, su absoluta elegancia, su elevado *glamour* y nunca volar en él. Como servidor. Y esto es una prueba más de que el verdadero *glamour* no existe. Se inventa.

CAPÍTULO XIII

NUEVAS PREGUNTAS Y NUEVAS RESPUESTAS

—¿No tiene miedo de que cuando promocione el libro sólo le pregunten a quién considera *glamouroso* y a quién no?

Sí, lo confieso, me horrorizaría. Estoy harto de esa necesidad de *rankings* que nos hemos impuesto en los últimos años. La lista de los más elegantes de las revistas del corazón invariablemente colocan en los primeros puestos al Príncipe y al Rey, que sin duda son distinguidos y de seguro elegantes (hombre, sería increíble que no lo fueran, ¿no cree?), pero no son necesariamente *glamourosos:* no tienen ese punto frívolo, de *showman* que sin duda posee Marichalar, a quien siempre he defendido por haberle cambiado el aspecto a nuestra Infanta y convertirla en elegantísima duquesa europea, centro de atenciones en cualquier fiesta *megajet set* donde se presente. A pesar de mi admiración, me he topado con que el propio Duque de Lugo no me entiende. Cree que me burlo cuando desde un principio defendí sus pantalones de paramecios, que espero aún permanezcan en su armario. Y los defendí, y los sigo defendiendo, porque cambiaron y flexibilizaron nuestra relación con la Familia Real. La Familia Real siempre se ha empeñado en parecer cercana, «uno más»; pero hasta que todos pudimos opinar sobre esos pantalones, los miembros de esa familia no fueron sinceramente esos personajes cercanos que llevan veinticinco años intentando ser.

Marichalar me chifla, porque tiene esa cosa de intentar ser más «Familia Real» que la propia Familia Real. Él es como más preparado, más culto, más elegante, más *glamouroso,* más versátil que ellos mismos. Se dice que, antes de conocer a la Duquesa, era el caballero favorito de las señoras de nuestra aristocracia para ir al teatro, a la ópera, al ballet. Es decir, ese *chevalier servant* que aspira en la vida a coronarse triunfalmente como Duque. Y así es. Marichalar apuesta por el traje clásico, el encorbatamiento general y el chaleco que creíamos a más profundidad que el submarino *Kursk.* Y aunque el aspecto general puede parecer, a primera vista, encorsetado, no lo es. Observe bien la calidad del corte, con unas solapas muy peculiares, diferentes en cada traje, el pitillo de sus pantalones, que es lo más *in* de lo *in* en este momento y que siempre queda bien a hombres de mucha pierna. Y, desde luego, sus incursiones en territorios inexplorados para nuestra monarquía como aquellos pantalones de paramecios y otros fucsias que osó llevar a un torneo de polo.

Urdangarín puede parecer más *glamour,* porque a algunas les resulta guapo. Yo creo que es más bien un «Royal Guapo», es decir, el tipo de belleza con tendencia nórdica que queda muy bien en esas familias que presumen de pura sangre y apuestan por «bellezas clásicas» antes que por bellezas salvajes e inesperadas. Pero hay más *glamour* en las segundas que en las primeras, ya que las clásicas se vuelven aburridas y las salvajes o se estropean o mejoran o enloquecen, pero siempre les pasa algo.

Sí, sí. Reconozco que Urdangarín y la Infanta Cristina me agotan. Urdangarín me recuerda a Robert Kennedy con mejor suerte, pero con el mismo deseo político de ser querido. Y, en efecto, Urdangarín es mucho más popular que Marichalar. Pero nadie se da cuenta de que es una estudiada operación de márketing, mientras que Marichalar no hace ninguna, creo, sino que simplemente es como es, es decir, un joven aristócrata de Soria al que le encanta ser Duque de Lugo.

El Príncipe es el Príncipe, y de *smoking* resulta bastante *glamouroso,* sobre todo porque es de las poquísimas personas de su edad que no parecen un *maître* vestido de etiqueta, sino que en efecto es lo que es: un Príncipe.

Volviendo a esa lista de los más elegantes (en la que un año estuve por debajo del ministro Mayor Oreja), la encuentro tan convencional y cerrada a nuevas ideas que me provoca una angustia insuperable. Siempre ponen a Miguel Bosé por su desenfado, cuando hace años que Miguel no es para nada desenfadado, sino un hombre bastante guapo y adulto. El año del desastre Banesto pusieron a Mario Conde en tercer lugar. Nunca más lo volvieron a citar, a pesar de que el ex banquero jamás ha dejado de peinarse y de vestirse igual. Y colocarme por debajo de Mayor Oreja ¡jamás lo entenderé! Nunca me he considerado elegante. Me gusta hacer lo que me dé la gana. Además, defiendo que la elegancia es un muermo y que lo divertido es probar, arriesgarte, equivocarte o acertar. El espíritu del Chic Campeador. Seguramente por eso no saben cómo ubicarme. Deberían crear otras listas: los más exóticos del año, los estilosos, los Chic Campeador, los *glamourosos* con pecado concebidos, etcétera.

—¿Cree que Ana Obregón es el colmo de la vulgaridad?

No. Creo que Ana Obregón es un estilo, y que nadie se ha atrevido a verlo como tal. Es como nuestra Cher española, incapaz de tener nada normal en su vestuario. Obregón es mi favorita en las fotos del *Hola,* porque siempre resulta mejor modelo que las propias modelos; más pose, más rígida, pero al mismo tiempo mostrándote la ropa en todas sus dimensiones. En unas fotos previas a su anual descanso mallorquín, aparecía como una esfinge «enGUCCIzada» con los pies perfectamente encajados en el banco donde se recostaba como una Nefertiti balear. En otra página aparecía aplastada contra una roca y con unas inmensas gafas que la transformaban en mutante superviviente a *El planeta de los simios.* Es una grande del *show* y nunca ha traicionado ese criterio; lo que la hace muy, muy personal. Un estilo es precisamente eso, y ella ha creado ese tipo de mujer española superpetarda y adorable, hábil y femenina, señora cuando quiere y niña loca cuando le apetece. Y en todas estas vertientes resulta estupenda.

Hay otros estilos españoles que nadie se atreve a ver como tales. Marta Chávarri, por ejemplo, y sus pantalones ceñidos y su melena rubia y su jersey Lana Turner. Un estilo que renace en los ochenta, surca los noventa y en el 2000 es supertotal. Sin duda, un estilo de chica bien española que se ve sometida a un intenso escrutinio y se lo pasa bomba. Hace años le comenté que ella había marcado, y se asombró muchísimo. «¿De verdad lo crees?». Y me di cuenta de que el *Hola,* pese a explotar estas figuras (Chávarri u Obregón), jamás les reconoce este tipo de logros. Ese *look* melena rubia y jersey ajustado del chavarrismo ha sido un momento de vértigo y duda para muchos homosexuales que vieron en ella un poco de varón femenino y rebelde. Una vez, durante ese verano del 97 que estuve en Estepona, Chávarri me invitó a la casa donde veraneaba. Un día salimos a tomar el sol y su hermana Isabel llegó con la prensa y todas las revistas del corazón. Estuvimos horas viéndolas una tras otra. Y con fruición. El poder hipnotizante de la fama afecta de lleno a los que la crean. Pero Marta, quizá para sorprenderme, leía *El País*. Me encanta leer el periódico por encima del hombro de alguien, y siendo el de Chávarri, más. Estaba concentrada en las novedades de la cumbre del Fondo Monetario Internacional. Gran momento: Marta Chávarri leyendo el parte del FMI. Le dije: «Odio esa estúpida institución que domina el mundo y arrastra a los más pobres a la miseria y a los ricos a la más asquerosa de las abundancias». Sí, sí, fue como una sacudida marxista que me dio, con su preciosa melena rubia y sus hombros de dulce de leche delante de mí. Ella se volvió y creí que me iba a echar, pero me devolvió una sonrisa conciliadora. «Lo único que quiero en este mundo es que haya paz, Boris. Sin diferencias, que nos demos cuenta de una vez por todas de que hay espacio para todos. Para todos.»

—¿Existe algo que la Iglesia católica haya aportado al tan desviado *glamour?*

A nuestra educación católica habría que agradecerle la existencia del traje de primera comunión, que sirve para determinar el tipo de disfraz que te gustará llevar a lo largo de tu vida; el de monje, con capucha y muy posguerra; el de marinerito-almirante, dependiendo de los galones que mamá o uno mismo quiera adjudicarse; el de príncipe, que ya lo dice todo; o el civil, con opción a camisa y corbata bajo el *blazer* o cuello cisne. En las mujeres, más de lo mismo; de monja, que ya casi no existe; de organdí, que es equivalente a princesa; y los que se están llevando últimamente que es el principio del uniforme invisible, es decir, falda de internado inglés con camisita, todo en blanco Ariel. Y sin olvidar el protocolo de la ceremonia, rígido como su almidón. Por él atravesamos todos y al mismo tiempo, albricias, puede y debe ser el principio de nuestro concepto de estilo. Entiéndase: ¡el traje de comunión te marca para toda la vida! Aquellas que fueron de princesitas, así se quedaron. Los almirantes-marineritos terminan en ejecutivos, o ya lo son desde la primera hostia. Los civiles escriben libros. Pero, ay señor, qué maravilla son los que rompen con el tradicional equipamiento y se inventan su propio traje de comunión. Un amigo me explicó el suyo: «Fraile, confieso, pero muy largo, en *beige*, cordón dorado en la cintura y esclavas en los pies». Orgullo *gay* super incipiente, pero presente en el acto más repetido y pingüe del cristianismo. Y con el apoyo incondicional de la madre, que viendo el peligro mariquita, lo entrega a Dios todopoderoso para que lo enderece o lo tuerza más, si ello fuere posible.

Insisto. La gente cumple con la primera comunión aún en nuestro siglo porque es el primer momento *fashion* de la vida. Es la primera pasarela a la que tienes acceso. En España me encanta cuando son multitudinarias, es decir, una clase entera de colegio consagrándose y comparando modelitos. Y luego, cuando creces y miras esas fotos, compruebas que no has dejado de vestirte de acuerdo con ese primer criterio. Otro amigo, Perucho Valls, que cambió todas mis nociones sobre la vida, el disfrute y la amistad, me enseñó su traje. Era una versión muy ajustada del liquiliqui, el traje nacional de Venezuela, que consiste en una sahariana con alma de uniforme maoísta, generalmente en lino blanco, y que la llevan los terratenientes en la sabana venezolana. García Márquez vistió uno el día en que recibió el Nobel de Literatura. Perucho se la mandó hacer en negro, con seis años, y fue el *shock* de su comunión. Con los años llegó a ser uno de los decoradores más influyentes de Nueva York y la última vez que le vi llevaba un liqui-liqui de *cashmere* negro. Iba a una fiesta benéfica y una de esas millonarias de andares lentos halagó el traje y quiso saber su origen. Perucho explicó la costumbre nacional, y la señora, maravillada, le dijo: «*Then, how chic is your country*».

—¿Cree que el *glamour* fue mejor en el pasado que ahora?

No, lo que ocurre es que la gente detesta lo nuevo. Es lo que sucede con los móviles o Internet. En un principio todo el mundo estaba en contra, advirtiendo de sus peligros absolutos. Y ahora hasta sus detractores más públicos los llevan y usan sin parar. El móvil ha cambiado muchas cosas. En el amor y en el conflictivo tema de las infidelidades, el móvil juega un rol esencial. Todo se hace a través de ese número, siempre superpersonal, más que a través del fijo, que es parte de la casa, la familia, la pareja. El móvil es más pecaminoso, sobre todo con los mensajes escritos y especialmente entre los jóvenes. Leopoldo Alas y yo hablábamos de esto la otra noche, porque siempre tenemos un grupo de chicos más jóvenes que nosotros alrededor; chicos que nos quieren contar cosas para que las empleemos en nuestros artículos. «Todos mandan mensajes por el móvil en vez de llamar», me decía Leopoldo. «En un principio creía que era para ahorrar, pero cuesta bastante enviar un mensaje. Lo hacen porque lo encuentran más *sexy*. Tiene más rollo».

Y es cierto. Son esas cosas de lo moderno, que en realidad siempre es antiguo. Escribir mensajes es totalmente ancestral. Hablar por satélite lo será también dentro de unos años o de unos segundos. El concepto de lo viejo y lo nuevo está muy entremezclado hoy día. Vamos de una década a otra en un traje o dos. Viajamos a un estilo y luego a otro de la misma manera. Un día te sientes muy «años cincuenta» y al caer la tarde sólo quieres ser cibernético. No podemos ceñirnos a una sola noción de pasado y presente.

Mientras revisaba archivos fotográficos para este libro en las agencias periodísticas del país, encontré varias fotos de Grace Kelly con María Callas. Como todo el mundo sabe, Onassis era dueño de Mónaco y de su *Société de Bains de Mer*. Y en realidad, Grace y Rainiero eran como unos asalariados suyos, hasta que Rainiero consiguió los suficientes socios para arrebatarle la mayoría en el accionariado. Pero durante esa peculiar relación de príncipes bajo la tutela de un magnate griego de *glamour* oscilante y peligrosamente vulgar, Grace y Callas trabaron amistad y se las fotografiaba mucho juntas. Y Callas, que siempre fue como el reflejo exacto del *glamour* de esa época (por su voluntad para bajar de peso, por su impactante transformación en «esa mujer que deseamos ser» y por la trágica entrega de amor que fulminó su carrera), se ve en esas fotos detenida en el tiempo, con un estilo demasiado marcado por su personalidad para ser vigente hoy día. Y eso no es un problema, le aclaro. Nadie se atrevería ahora a vestirse o maquillarse, por ejemplo, como Joan Crawford, porque resultaría excesivo. Y para hacerlo, hay que tener eso que ambas derrochaban: personalidad. Que a fin de cuentas es la única cosa que une pasado y presente.

Me gusta mirar al pasado para vivirlo, no para añorarlo. Por eso creo tanto en los *revivals,* pero lamento que no se pueda repetir el tiempo con los mismos productos, los mismos alimentos, los mismos géneros y los mismos protagonistas. Cuando acudo a una de esas fiestas temáticas (son mortales, por cierto) que intentan ser calcos de una década determinada (sesenta, setenta, ochenta y dentro de nada noventa), me molesta que todo tenga apariencia de disfraz: no puedes contar con los materiales exactos porque se han perdido o desgastado. En ese sentido, me apasiona cada vez más lo efímero. Sí, que todo pase y uno se suba a ese tren, a ese coche o a ese avión supersónico y luego baje y suba a otro más nuevo, más apasionante, más supersónico. Es el sino de nuestro tiempo. Todo se mueve, todo envejece rapidísimo. Somos famosos hoy, olvidados pasado mañana, recuperados más tarde y vueltos a olvidar para volver a ser recuperados *ad infinitum.*

—¿Cuánto tiempo le otorga a un huésped para disfrutar de su casa?

Cuando provenimos de un país latinoamericano, el tema huésped es un infierno en la tierra. Le he explicado ya en otro capítulo que un hispanoamericano considera las casas de sus amigos en otros países como hoteles naturales en los que hospedarse a placer. A veces me consuelo pensando que es algo generacional y que cuando los nacidos en el 65 estemos muertos, se habrá acabado esta horrible conducta. Cuando recibes esa llamada telefónica desde el otro lado, siempre a una hora intempestiva de la madrugada, sabes que no puedes negarte y que el «compatriota» se te instala sin fecha de salida. En estos casos hay que ser muy claro: «sólo puedes estar un día y una noche». Y recordárselo apenas cruce el umbral de la puerta. Las casas no son ONG, de la misma manera que las ONG no son hogares, sino organizaciones. El invitado ideal debe aceptar una invitación, nunca autoinvitarse. Y, desde luego, permanecer sólo un fin de semana. En una obra de teatro, luego película fabulosa, *Six degrees of separation,* uno de los personajes propone regalar botes de mermelada a los anfitriones como agradecimiento por sus atenciones. Así que recomiendo lo mismo a un huésped. No olvidar jamás ese juego de mermeladas para quedar divinamente.

El universo del agradecimiento ha perdido huella definitivamente. Nadie agradece y quien lo hace gana, con tan sólo dos frases, muchos escalones vitales en la ascensión social. Usted da una fiesta importante, carísima además, y todo sale sensacional. Risas, buena comida, gente inmejorable, frases ideales y conversaciones con suficiente contenido. Y al día siguiente es como si no hubiera sucedido nada, hasta que unos días después, al encontrarse con algún invitado, le agradece aquel momento tan divertido. ¡Es durísimo! Si una fiesta ha sido maravillosa, hay que llamar al día siguiente o incluso al final de la noche. ¡Se agradece tanto! Porque le da a la fiesta la importancia que merece. Es cierto que estamos condenados a sobrevivir dentro de lo efímero, pero una fiesta es tan obviamente efímera que merece este mínimo reconocimiento histórico.

Confieso que empecé este hábito tras leer en el libro de la Vreeland cómo ella y la Duquesa de Windsor se llamaban apenas se despertaban para comentarse la cena de la noche anterior. Todas eran apasionantes para las dos, y entonces decidí que las mías también lo serían. Luego, a medida que fui a más fiestas, descubrí el universo del tarjetón, que es el no va más de los agradecimientos. María Rosa Marchesi es *fan* de este procedimiento, que según ella debería acompañarse de unas flores. El ritual es el siguiente: se toma la tarjeta, se tacha el apellido con un gesto rápido y decidido de su bolígrafo y debajo se escribe una frase breve pero perfecta. Ejemplo. *«Maravilloso anoche. Maravillosa gente. Maravillosa tú. Besos dos mil...»*, y una firma así como supertotal. El efecto es grandioso. Usted queda, al igual que sus palabras, maravillosa/o y la anfitriona estremecida de su *glamour.* Claro, el tarjetón necesita o un mensajero o un chófer o el servicio de Correos, lo que resulta un coñazo, sobre todo si sobrellevamos una buena resaca. Por eso el teléfono ha cogido el testigo, para lo que se aconseja repetir las mismas frases del tarjetón, pero con énfasis a medio camino entre el tono resacoso y la emoción superestimulada. *«Ha sido tan, tan, tan maravilloso. Locura, delirio, risas, jamás lo he pasado mejor».* Y a la anfitriona se le sugiere responder un *«gracias, eres maravilloso»* precedido de una beatífica sonrisa.

—¿Tiene alguna opinión sobre la frase: «Tengo un compromiso previo», como excusa para no asistir a un acto?

Adoro esa frase. El que la inventó merece el mismo reconocimiento que quien descubrió el termómetro o la lavadora. «Tengo un compromiso previo» es perfecto para evadir el bien o el mal. Es muy woodyaleniano enfrentarse, por ejemplo, a la muerte y decirle: «No puedo hoy. Tengo un compromiso previo.»

La empleo mucho para no ver a mis enemigos naturales. Me explico: un enemigo natural es toda aquella persona que necesita usarte y te detesta interiormente, lo que, por otra parte, se evidencia en sus ojos. Es preferible no verles. Por eso desisto de sus invitaciones con «el compromiso previo» y me quedo en casa, que la mayoría de las veces es el sitio donde sucede lo susodicho.

—¿El *glamour* y ser perra tienen mucho que ver?

¡Guau! ¡Guau! Completamente. Ser perra, y quizá no lo entienda mucha gente, es esa conducta que asumen las personalidades muy egocéntricas y exitosas para crear una barrera que impida el desgaste de su ego y de su triunfo. A veces surgen personas que son perras por naturaleza, y tienen un sentido del humor increíble. Porque para sobrellevar el título de «perra» hay que burlarse mucho de uno mismo. La personalidad perra tiende a estar muy sola, ya que a veces es infumable. Pero si se le pilla el rollo, es risa asegurada. «Compromiso previo» es muy «perra», porque el interlocutor sabe perfectamente que no existe. Y la perra termina el intercambio diciendo: «Será en otra oportunidad, lo siento.»

Existen tres tipos de perras:

a) Perra, sin más. Es la más difícil de soportar, porque raya mucho en la crueldad. Es ese tipo de amigo/a que te invita a cenar y que te dice ese «ven con quien quieras» muy delicado, que te obliga a responder: «Iré con un chico/a que he conocido y que me gusta mucho». «Divino, maravilloso», dice la perra. «Ven con quien quieras», reitera. Y cuando te presentas en su casa y se ven el chico/a y la perra (que aun siendo hombre mantiene el misógino femenino), hay un peligroso chispazo. Y la perra no dejará en toda la noche de atacar a tu chico/a para tu humillación, dolor y pérdida total de papeles. La perra es instintiva y salvaje. Si algo le agita su fagocitador «coño subliminal», no hay nada que hacer salvo temer y disfrutar de su espectáculo canino. Generalmente se reúnen entre sí; así que si tiene un amigo/a perra, asuma que usted también lo es y que está haciendo lo más perra de todo: aprender.

b) Perrita, que es usted, querido lector, que está aprendiendo. Son mucho más peligrosas, porque no tienen miedo a los errores, justamente por encontrarse en fase de aprendizaje. Arañan, muerden, ríen, escapan y vuelven a ladrar, todo al mismo tiempo, y enloquecen a sus víctimas. La frase favorita de una perrita va siempre dirigida a una que todavía no sabe si es perra o perrita. Les encanta mirarlas de arriba abajo y vaticinarles: «Te quedarás en perrita». Ahora bien, una perrita es el escalafón más bajo de todos y el que hay que abandonar con destreza y astucia. Ni muy rápido, ni muy lento, como un buen baile de salón. Ser perrita toda la vida es gran tristeza y frustración, porque significa que nunca llegarás a perra, ni al paso supremo...

c) Megaperra, que soy yo, por ejemplo. Un tipo de persona que ha encontrado la manera de burlarse de todo sin dejar cicatrices. Claro que existen megaperras de muchísima maldad que nadie quiere ver sin estar acompañado. Yo no soy de ésas. Pertenezco al grupo más vampírico que hipnotiza a su víctima y la despierta después de hacerle prácticamente de todo. Ahora bien, una megaperra no muerde, lame; no come, olisquea; y no reconoce a su amo hasta que es absolutamente necesario.

Todos estos pasos, recuerde, hay que saber darlos. Uno empieza en perrita. Luego se da el salto cualitativo a perra. Y, finalmente, cuando ves que puedes instalarte en megaperra, avanzas sin mirar atrás. Este último es el más difícil de todos los niveles, porque corres el riesgo de quedarte sin amigos. «Ah, pero el placer de saberte megaperra, ¿dónde lo dejas?», me ha dicho más de una. Es posible que tenga sus recompensas, pero hay que estar preparada para la soledad más dura. A una megaperra se le teme tanto, que pronto empieza a ser ella quien reciba esos «compromisos previos» como respuesta a sus invitaciones.

Sin embargo, hay que intentarlo. Se recomienda a las mujeres megaperras abandonar a su pareja por una persona realmente triunfadora. Es decir, ese ejecutivo de empresa recién privatizada que puede asegurarte un programa de radio o el ricachón al cual hay que darle un hijo para conseguir pensión de por vida.

Las perras tienen mucho tirón, porque generan detractores y víctimas a tutiplén. Sus maquinaciones, sus vaivenes o sus patinazos provocan expectativas de mucha audiencia, y si está interesada en vivir su vida como un *show* permanente, no existe mejor papel. Pero luego viene lo malo: hay que desarrollar caparazón para las críticas e insultos varios, aunque esto está de más, porque si eres perra tienes cuero, piel dura, como les recuerda la voz en el espejo cuando buscan reflejarse: «Hoy tienes la piel tan endurecida, perra mía.»

Punto importantísimo: controlar la vocecita. Una perra que ladre no sabe ser perra. Esa vocecita pasiva, enternecedora, norrompeunplato es vital para la perrita, la perra y la megaperra. De hecho, es lo único que jamás debe perder en su vida. Virginidad, alma, compasión, sueño y hasta debilidades se van dejando en el camino. La vocecita nunca. La relación del *glamour* con la perra está divinamente dibujado en Jessica Rabbit: «No soy mala, sólo me han dibujado así», es la gran verdad de todas las perras.

—Entre sus múltiples conquistas amorosas, ¿hay algún *sommelier?*

Permítame responder a su pregunta con una breve glosa sobre mi relación con el vino. Los protocolos del vino, por ejemplo. En las postrimerías del siglo XXI es demasiado brutal que no se haya inventado una manera de tomar el vino con naturalidad, sin todo el ir y venir, con la figura perenne del *sommelier,* esa especie de guardia suizo avejentado que merodea. De prohibir algo, ¡hay que prohibir al *sommelier!* Y que me perdonen los sindicatos de California. Estaba leyendo en una revista de vinos, que compra mi novio, cómo se debe abrir correctamente una botella de oporto. Todo aquello de calentar el pico de la botella y pasarle una pluma fría para quebrar el vidrio, decantarlo en otro envase y ponerse a observar la caída de los sedimentos... Dios mío, me resulta agotador, lo siento. Podría asistir al *show* en un restaurante, pero creo que me alteraría profundamente que al *sommelier* le pasara algo, que la pluma no estuviera fría del todo, que las brasas le atizaran. Es como cuando vas al estreno de un amigo actor, y ese día de pronto, por cualquier razón, sucede algo espantoso como que se le olvida su texto o la luz no le ilumina bien, y uno lo pasa mal, francamente mal. Permítame una nueva digresión. En el supuesto anterior (ir a ver a un amigo actor) no me pasará nunca, porque los actores me dan miedo. No los encuentro fiables. Siempre tienden a la manipulación más vil. Aparecen como seres vulnerables, pero son déspotas en potencia. Mi padre, que es muy sabio, siempre me dijo: «Boris, no te enamores nunca de estos tipos de hombres. A saber. Actores, por las razones ya mencionadas. Italianos, porque son chulos y te harán quedar siempre como una adolescente que no sabe lo que quiere. Y, por último, arquitectos. Se creen universales y carecen de sexualidad, porque lo suyo es el auténtico tercer sexo, ese que viene después de la heterosexualidad y la homosexualidad». A pesar de esto, mi padrino, era arquitecto.

Para terminar, confesaré que me he acostado con bailarines de flamenco, guionistas en paro, actores argentinos y gogós extremeños. Pero con *sommeliers,* nunca. Allí he marcado mi límite.

—¿El cotilleo es refinado?

Es una pregunta violenta, que obliga a una respuesta violenta. Es una droga que aniquila toda voluntad y, al igual que todas las adicciones, está basada en el sentimiento de culpabilidad. El cotilla se siente culpable de serlo, y por eso avanza y retrocede en la misma senda prohibida. En cualquier momento deja usted de contarlo para sorprenderse protagonista del mismo. Pero no se confunda, aguerrido lector, no estoy en contra del cotilleo en fiestas, así como tampoco estoy en contra del consumo de estupefacientes. A lo que sí me opongo es a su exceso. Mucho chisme es agotador. Como ese tipo de personas que basan toda su conversación en preguntas: «Cóomoestásquéhashechoadóndevasconquiénestásquétaltutrabajodóndeirásdevacacionescuántosañostienescuándofuelaúltimavezquevisteatuexsabesconquiénsaleahoranotehasenteradodecómosusiencontróasumaridoconunembajadorsuecoyporciertoesmuycaroiraberlín». No soporto esta letanía y creo que debería existir una ley que la persiguiera.

Voy a remitirme a mi caso personal. Soy muy discreto, pero nadie me cree. Muchas veces me han hecho confidente de secretos temibles, y he callado, para luego escuchar al mismo confidente lanzarlos a los cuatro, si no cinco, vientos. Y he sufrido, por no haber sido yo el que los revelara. ¿Se da cuenta? Podemos ser tan estúpidos en torno al chisme. Al quedarnos callados, nos equivocamos. Al decirlo, nos equivocamos también. Ahora entiendo la gran verdad metafórica que esconde la frase de María Rosa Marchessi respecto al difícil arte de comer espaguetis: «O coges muchos. O coges pocos, no es fácil». Nunca mejor se explicó el cruel dilema de ser o no ser cotilla.

—¿Cree en la fidelidad a los centros gastronómicos, léase restaurantes?

Tanto la palabra restaurante como la palabra armisticio son francamente absurdas. Dicho esto, creo que si te gusta un establecimiento gastronómico, si te gusta lo que comes allí, para qué perder tiempo y prestigio buscando otro. Y si te fascina determinado plato de ese establecimiento, pues pídelo una y otra vez. En la generación de mis padres existía el convencimiento de que en Europa podías ir siempre al mismo café y al mismo restaurante, porque nunca cambiaban las cosas, mientras que en Nueva York todas las semanas es un bar nuevo. Lamentablemente la globalización ha nivelado los continentes y cada vez es más difícil regresar a un sitio para comer aquello que te entusiasmó el paladar. Con lo cual recuerdo ese tipo de ejecutivo, generalmente productor independiente (los ejecutivos a los que he estado más expuesto), que pega en las puertas de su frigorífico una lista de sus restaurantes favoritos. U otro tipo de productor que obliga a su secretaria no sólo a crear una agenda exclusiva para restaurantes, sino a que ellas mismas, las secretarias, agreguen comentarios *ad hoc* con su descripción: «Ideal para americanos». «Notable para influenciar». «Inmejorable lenguado». «Bodega Top Ten». Son cosas que me provocan miedo por lo terriblemente clase media que nos volvemos. O, peor aún, lo terriblemente clase media que jamás dejaremos de ser.

—Sea sincero. ¿Le han deslumbrado realmente Marbella o Mallorca como universos *glamour?*

Una noche, en Palma de Mallorca, fui a un local de travestidos y *drags,* que, por cierto, me permitió discernir que en la isla balear más social, el mundo *gay* sigue siendo una cosa escondida. «Oh, bueno, para eso tenemos Eivissa», afirmó uno de los guías. Sucede lo mismo en Marbella, se lo aseguro. Una vez, hospedado en casa de Luis Sanz, el divertido productor de *Las cosas del querer* y las inmortales películas de Rocío Durcal que yo devoraba en las tardes de Caracas, un amigo suyo, decorador, decidió mostrarme lo que él llamó «la Marbella prohibida». El miedo recorrió mi rostro, porque ese tipo de afirmaciones me asustan considerablemente. Es como decir «es el traje más divino que he visto en mi vida», que no puede ser cierto, porque cada día debería existir al menos un traje más divino que el del día anterior. De otra manera, ¿para que vivir? El problema está en que no sé decir no, y tengo esta capacidad para entregarme a la supervivencia como si fuera un refresco contra el calor.

Fuimos el amigo decorador y yo. Sanz, que seguramente por productor es más sabio que el resto de los mortales, desistió. El plan empezó por una copa en La Notte, ese tipo de templo nocturno inmune al paso del tiempo y que sólo puede florecer en un sitio como Marbella donde nadie envejece gracias a la cirugía, al alcohol y a la repetición de idénticos eventos que crean esa sensación de limbo. Bailamos en La Notte, junto a dos agradables señoronas del tipo que aparecen desde las esquinas para evitar que dos hombres bailen juntos y creen «sensación de escándalo». Bebimos tres o cinco *gin tonics* mientras hablábamos con otros miembros de la «verdadera Marbella, la que siempre está aquí» y que tenían aspecto de momias gangsteriles. Pese al alcohol, empecé a sentir que estaba siendo presentado a un grupo de vampiros. Pero con esa habilidad superviviente que le he dicho que poseo, exclamé: «¡Por favor, enseñadme la Marbella prohibida!», lo cual, ahora que lo escribo, era una de esas redundancias que tanto me molestan. Fuimos, entre más *gin tonics* y casuales «rayitas», hasta el puerto que recibe el nombre de Banús y que nunca he logrado ver de día. Pasamos de refilón por uno de los locales de Santoni, entonces vivo. Lo vi en la puerta, con sus bandanas en la cabeza y esa sonrisa permanente. Hablaba con un incauto sobre la película que nunca llegó a terminar junto a «mi amigo Orson Welles». Pensé, entonces, qué loco fue Welles por entregarse tanto a este disparate taurino-marbellí. Pero eso es tema de una biografía que nadie estará lo suficientemente sobrio para redactar.

Poco a poco «lo prohibido» emergió desde las propias sombras y farolillos de puerto. En un bar, un travestí interpretaba una canción de Edith Piaf, ataviado en triste simulacro. Dios, dije, una marica Piafana. Creí que lo había dejado atrás en las noches caribeñas donde lo *gay* se mezclaba con lo criminal. No. Estaba allí, en el Puerto Banús de Gil, sobreviviendo a su tristeza. Más adelante se encontraba el bar donde decidimos entrar, con sus sillas de rattan, sus dos o tres loquitas locales levantándose a saludar a la comitiva y observándome de arriba abajo, buscando las señales de mis colmillos. Mientras pedía mi sexto *gin tonic,* vi en las servilletas el nombre del local, «Plátano Bambú», y volví a creer que estaba en el Caracas de los años setenta, jugando con lo pervertido, en el lado menos iluminado de la calzada. Fue cuando pregunté: «¿aquí lo *gay* está completamente desfasado?». Y el decorador respondió: «Niño, para eso tenemos Torremolinos».

La noche pudo terminar así, pero me dejé llevar. Apareció en el Plátano Bambú un joven moro en respuesta a esa antigua costumbre *gay* peninsular de enloquecer por Marruecos. Costumbre, que como tantas otras originadas en el mundo marica, ha sido adoptada con afán por grandes paladines de lo heterosexual: sin ir más lejos, la inesperada Carmina Ordóñez y sus veraneos, ires y venires a Tánger y a otras esquinas de ese siempre cercano Norte de África. El recién llegado observó nuestra mesa y las risas coquetonas. Mi rostro era un poco más pétreo: me aburría permanecer en un sitio que creía enterrado en mi pubertad. Pero, claro, el elegido para el encuentro de dos culturas fui yo y reaccioné con la simpatía del visitante. Hablaba varios idiomas a la vez, como Jean Paul Gaultier cuando viene a España, me abrazaba y no quise parecer racista ni nada de eso, pero reconozco que era la primera vez en toda mi vida que notaba la proximidad de la sexualidad árabe. Sentí curiosidad y me dejé guiar por el puerto de sombras hasta que el caballero buscó besarme. Como lo rechacé, quiso abrazarme para a continuación separarse bruscamente y alejarse entre los yates y veleros de lujo. Llevaba consigo mi billetera. Quise ir a la policía, a pesar de que el decorador insistió en que me daría la cantidad robada. «Pero es que el moro me ha dejado indocumentado», dije, mucho antes de los avatares de la nueva ley de extranjería. El resto de los vampiros gangsteriles optaron por evaporarse, y el decorador, todo hay que decirlo, consintió en acompañarme a la comisaría y lo hicimos en el único taxi que encontramos, una *limousine* Mercedes descapotable y blanca. Más Marbella imposible. En la policía nos recibieron como a dos maricas accidentadas por algún chulo, de seguras, árabe. Y era cierto. «¿Puede decir el nombre del establecimiento donde sucedieron los hechos?». Muy serio respondí: «Plátano Bambú». Los representantes de la ley de Gil me aconsejaron: «Con esos datos dé por hecho que jamás recuperará su billetera.»

Mallorca es una historia diferente, pero con el mismo tipo de ambiente *gay* poblado de travestís que, oh sorpresa, imitan a la Pantoja. Peculiaridades de España: en el Sur quieren ser la Piaf y en la mitad del Mare Nostrum, la Pantoja. En fin. Llegamos allí tras una de esas fiestas baleares donde todo el mundo está vestido que te cagas, pero se comporta como si la lectura de *El País* fuera de verdad mucho más importante. Vamos, como un *show* de televisión donde de pronto están discutiendo el atentado más reciente de ETA y luego se habla del último accidente estival de Melanie y Antonio. En realidad, y permítame otra leve digresión, ésa es una de las más interesantes realidades de nuestro país: el *glamour* y el terrorismo comparten segundos en nuestra eterna retención de imágenes. Es probable que haya una relación más que semiótica entre ambos, como quedó patente cuando se supo que Ana Obregón y Cayetano Martínez de Irujo figuraban en una lista de posibles víctimas. Obregón contrató un guardaespaldas y se negó a dar las campanadas en la Puerta del Sol. Y con absoluta razón. Un secuestro en directo, realmente, no se sabría a quién adjudicarlo, si a la banda terrorista o a los directivos de la cadena.

En una de estas tardes asoladas por los actos terroristas, observaba detenidamente el programa de cotilleos de la televisión española; ese programa que va cambiando su nombre dependiendo de la estación. Como era verano, se hablaba de fiestas en Ibiza, yates de Valentino en Mallorca, pareos de famosos B (los de la escala inferior al yate antes mencionado) y problemas domésticos de los C (el grupo que se queda en sus casas haciéndose reportajes en sus piscinas hogareñas). Sucedía todo esto cuando terminaba este peculiar informativo con una feliz imagen de Melanie y Antonio celebrando sus cumpleaños. Fundido al telediario y, de verdad, en un pestañear, conflictos callejeros en el norte, esa fantástica concejal del PP con el rostro completamente reparado por la omnipresente cirugía y adoptando un desafío político ante el hecho de tener que enseñarle su primorosa casa a un ministro en el estado en que las dejan las explosiones terroristas. Lo fascinante es que todo tenía continuidad: el accidente *glamouroso* de Melanie en sus vacaciones latinas, la cirugía de una concejala y el desastre cometido en su hogar a consecuencia de una bomba etarra. Si se observa bien, el verdadero terrorismo está en nosotros mismos. Y el *glamour,* como lo chic o el estilo no son inmunes a esto, porque, como siempre digo, están amparados por una sociedad de consumo que sabe consumir sangre, acero, firmas, rostros y *glamoures.* Pero también, quizá con más guasa, no deja de ser un nuevo elemento de nuestra identidad nacional que cosas tan aparentemente dispares como el *glamour* y el terrorismo convivan genialmente en nuestro país. «Bueno, no es nada nuevo si te pones a ver. Hace quinientos años convivían moros, judíos y cristianos. Es una cosa muy española», aseguraban varios amigos hace unas noches.

Volviendo a esa noche en Mallorca, donde todo era tan *very chic,* me permití acompañar a esos eternos aventureros que desean ver el lado prohibido. Mi padre decía de las canciones protesta que eran todas iguales. La Mallorca prohibida es igual que la Marbella prohibida y la China prohibida y la Bolivia ídem. Lo prohibido, también, nace y se gestiona en nuestros ojos. Pero en esa noche de Mallorca, con aquel travestí de la Pantoja, existía un ingrediente nuevo: mi recién adquirida popularidad. «Me encanta lo que haces en la tele. Yo sólo he aparecido en programas locales, pero mi madre es de Andalucía. Llévame a tu programa para que me pueda ver.» Era una petición urgente y terrible y también una verdad de nuestra televisión: todo lo que hacemos en ella la gente lo siente como suyo. Llévame para que mi madre me vea, como si fuera una carta o una videoconferencia.

Usted pensará que he conocido una Mallorca y una Marbella *gays,* pero a tenor de lo escrito, ¿cree realmente que necesite conocer la heterosexual?

—Hablando de cenas, ¿son más peligrosas las de verano que las de invierno?

Una cena siempre es peligrosa. De grandes cenas, las tumbas están llenas, dice ese castellanísimo refrán. Mire. A las cenas de verano acude mucho invitado estacional, es decir, de temporada *(season people,* dicho con más *glamour).* Suele ser gente que uno conoce en discotecas, que trae un amigo de un amigo, y que (reconozcámoslo de una vez) son más jóvenes que el/la anfitrión/a. A su pregunta me veo obligado a responderle con otra: ¿Qué peligro entrañan los seres menores que uno? Siento escalofríos sólo de pensarlo. El/la joven que acepta ir a una cena estival organizada por gente de más edad sólo busca humillar. Esa persona viene a arañarte, a mostrarte las nuevas arrugas de tu rostro, a recordarte que toda la comida que ingieras te engordará y que nunca volverás a tener una cintura como la de él o ella ahora..., a menos que aceptes la consulta del cirujano.

En mi experiencia vital he comprobado el enorme daño de estas cenas. No sólo usted, sino su mejor amigo/a y las perritas del coro, inician una lucha encarnecida por ganar la atención de ese joven, del que se piensa que no comerá nada y luego le deja la nevera vacía y mordeduras en los brazos. A continuación viene lo de enemistar a las viejas amigas, que han atravesado mucha perrería y mucha casquería para conseguir ese *status* de amigas. Y ésta es la vertiente más diabólica de ese tipo de invitado *junior.* Sí, porque destruye algo tan bonito como la amistad. Y lo peor de todo: introduce en su hogar la peor de todas las visitas, el paso del tiempo. Las parejas en desequilibrio cronológico dan morbo, si uno no forma parte de ellas. Es toda mi opinión al respecto.

—¿En qué momento deben empezar a circular las drogas o estimulantes en una fiesta?

Estimulante es el café, no lo olvide, y los licores que se beben a lo largo de toda ella. Si se refiere a drogas duras, es decir, pinchazos, esnifeos o humos varios, la verdad es que tienen mala prensa y dan mala imagen en una sala. Por eso es inevitable que queden relegados a un momento más o menos íntimo o a un espacio como el ya consabido aseo. Retomaría la idea del *drug room* y, desde luego, evitaría que los sicotrópicos que se quieran ingerir haya que comprarlos desde la fiesta. Eso, para nada. Si quiere tomar drogas en mi casa, tráigalas usted. Porque la presión que los consumidores desorganizados infieren sobre el anfitrión y otros invitados es intolerable.

—¿Las orgías deben tener un protocolo?

Si no lo tienen, ni se le ocurra organizarlas. La única vez que estuve en una era muy joven para entender lo que pasaba. Recuerdo que el hecho de desnudarse, que es lo más difícil en una orgía, sucedía muy casualmente. Nadie se despelotó de repente, sino paulatinamente, como cuando se entra al mar y el agua está muy fría. Y la música era excelente, suave, melodiosa, pero no tipo *soundtrack* de peli porno, sino un momento *soul, rythm and blues...*, ese tipo de cosa sensual que los gringos han inventado, a pesar de tener un sexo tan puritano. Y en cuanto al protocolo, bueno, lo que sucedía allí respondía a la regla básica de cualquier protocolo: hacerlo todo con mucha naturalidad.

—Le interesa mucho la cirugía estética. ¿Aconseja desnudarse del todo, física y espiritualmente, en la primera consulta?

Mire. Quiero aclararle que no es que me interese, es que me apasiona la cirugía estética. Ha pulsado una tecla muy sensible. Incluso más. No es una tecla, es un tejido. Pero vamos por partes. ¿Conoce el concurso Miss Venezuela? Si no lo conoce, debería. Es el paso previo que ejecuta todo un país para hacer de su propia reina (en una democracia tercermundista) una Miss Universo o Miss Mundo, que son los dos grandes concursos de belleza que existen en Occidente. Cada una de las misses venezolanas han sido sometidas —fantástico verbo— a intervenciones quirúrgicas para corregirles todo menos las reencarnaciones que traigan consigo. Una de ellas, la ganadora del año 92 (que fue el año de los quinientos años), Milka Chulina, no se operó el nombre, pero sí ha pasado a la historia del concurso como «la reina sometida a más operaciones estéticas para participar en el concurso», según han reconocido los directivos de la organización Miss Venezuela.

Evidentemente ella está más capacitada que yo para responderle, pero me aventuraría a asegurar que Milka, antes que nada, le dijo al cirujano que sólo la llamara Milka y desistiera de su apellido. Ese primer encuentro con la persona que va a transformarla de mujer X en Y griega, como dijo Anya, tiene que ser tenso porque, digámoslo claro, es un momento de tensión. La cirugía estética aún no es del todo familiar, sino más bien un elemento futurista con el que se convive a veces bajo el misterio total. De todos modos, la tensión es el fin secreto del encuentro. Tensar la piel caída. Tensar la indomable lucha contra el tiempo.

Uno ha de desnudarse delante del cirujano, si éste lo exige. En cuanto al desnudo espiritual, él sabe perfectamente todas las tragedias que le han llevado a su despacho. Resérvelas para sus amistades, aunque en casos severos, siempre puede acudir a esa frase pocas veces dicha al peluquero, pero que en un caso de una cirugía plástica es de exquisita confianza: «¡Haga lo que usted quiera!».

—¿Acepta la acusación de *fashion victim?*

Sí. La acepto.

CAPÍTULO XIV

LA *TWO YEAR CONDEMNATION*

Para empezar, la televisión conlleva una cruz terrible: la falta de elegancia. Su vocación es otra muy distinta. Invade, molesta, agrada, fagocita (ese verbo que tanto me gusta), pero jamás se queda cuando de verdad la necesitas. No es, pues, la invitada ideal. Y, por lo general, va muy mal vestida. La dura lucha de la televisión con la moda descuartiza el corazón más aguerrido. Nadie, en ningún país, y mira que hay cadenas televisivas, aparece bien vestido en ella. Es por una razón completamente torpe: la televisión va dos años atrás en su estilismo.

«La maldición de los dos años atrás» (nombre con el que he denominado a este síndrome) jamás varía, como tampoco varía la verdad del año bisiesto que a pesar de esconder edades, no puede con las arrugas. *The two year condemnation*, como es más catódico decir, asesta desmanes inconfesables contra la pobre televisión. A veces me estremezco al pensar cómo pudieron ser los telediarios durante el régimen de «la arruga es bella» de Adolfo Domínguez. ¡Tendría que ser un sálvese quien pueda! ¡Libertad de criterios total! «No está planchada la camisa», dice el presentador. Y gritan desde vestuario: «llévala así y cállate». Y sucedería, lo creo, porque el estilismo es algo muy complicado en el complejísimo engranaje de la televisión. Y desde esa complicación se crea una defensa que ya quisieran para sí las civilizaciones antiguas. La fusta de los estilistas es temible. Pueden, sí, créame, arruinar una carrera, como el caso del traje Eurovisión dc Ágatha Ruiz de la Prada. Quedará el traje, porque para eso la televisión tiene ojo, y quedará el nombre de la diseñadora, ya conocida por sus extravagancias, pero la cantante...

¡Cómo fue la polémica sobre este traje...! Aunque mis amigos me corrigen: «El cachondeo, no polémica». Y, cierto, era una risa total, que hasta la propia diseñadora asumió con profesionalidad. Y pasada la imagen televisiva, el traje resultó mejor y hasta más divertido, y por ende el cachondeo ya fue locura y el ja-ja-ja irresistible. Una amiga nos contuvo: «Pensad que España ha perdido en Eurovisión por culpa de ese traje.» Y sobrevenía el silencio reflexivo, y, paf, vuelta a la risa. La televisión odia la moda. La considera su enemiga natural, porque en cualquier momento puede ir más rápido que ella. Recuerde, la televisión es inmediata para las guerras, el fútbol o desastres y calamidades varios, pero no para dejarse tentar por las profundidades de la atmósfera. Es burda, pero no tonta.

Adoro la televisión y su lucha contra la «vida-*fashion*». De hecho, yo soy producto de ella. Cuando mi madre me pregunta qué programa de televisión me inspiró más, de inmediato la recuerdo a ella, a mi madre, divinamente vestida, mientras escondía el televisor para que yo no viera una telenovela que estaba volviéndome completamente maruja. Marica ya lo era, pero el siguiente paso era mucho para mis progenitores. Hoy, cuando todo está más o menos aclarado, creo que Belén, mi madre, ocultaba la televisión con la intención de que yo no perdiera el riguroso canon estético que ella marcaba en sus trajes y peinados.

Muchas maricas de la historia imaginaron una madre bella. Yo la he tenido. Su piel y su pelo hemos tenido la suerte de heredarlos. Y siempre un olor fascinante, Quadrille de Balenciaga. Cuando oigo Balenciaga pienso en Quadrille porque me descubre a mi madre. Un olor que penetraba con una suavidad lisérgica, sí, inspiradora. Y, claro, protectora. Pienso en ese perfume y me parece ver una selva amazónica con apaciguada iluminación. Si avanzo, las hojas se enlazan en mi cintura, reteniéndome, y luego soltándome.

Belén, que es como siempre hemos llamado a nuestra madre, huele a este olor. Mujer disciplinada, siempre elegantísima, aun cuando algunos trajes llevaban años. Tenía un traje de jersey negro —tela que siempre ha fascinado a Halston y demás miembros del Studio 54—, con una cremallera enmarcada en una flecha blanca que la apuntaba y acababa en una diana redonda. Yo adoraba ese traje, moría por vérselo. La hacía muy Jane Fonda, que, disfrazada de Barbarella, fue otro de los pósters de mi infancia caraqueña. Póster y traje desaparecieron en alguna de las mudanzas que vivimos de niños. Mis padres estuvieron de alquiler hasta que ahorraron lo suficiente para una casa. Nómadas, macrobióticos y nudistas, no puedo recomendarle mejores representantes. En esa etapa de los setenta (con ellos acercándose a los cuarenta) vivíamos en una casa con jardín interior. Belén ponía a secar las berenjenas con las cuales hacían una pasta dentífrica siguiendo las indicaciones de los gurús japoneses de la macrobiótica. No sabía mal, lo confieso, sobre todo porque bajabas a la piedra del jardín, restregabas la berenjena en el cepillo de dientes y alucinabas a tus compañeritos de colegio. Más fuerte aún. Tomaban el sol desnudos a las doce del mediodía, día si día no. Mi madre fue bailarina, menuda, de piernas fuertes y abdomen plano y una capacidad torácica que yo —y no mi hermana— he heredado. Mi padre, alto y delgado, era lo más *Zabriskie Point* que pueda imaginar. Un día mi hermano Rházil entró corriendo al jardín interior: «Viene el tío Pablo, está en la puerta», y fue pandemónium. El hermano mayor de mi padre era una autoridad médica, traumatólogo concretamente, en mi país. Sus hijas pertenecen al Opus Dei y una de ellas ha sido ministra de Hacienda. No son unos primos a los que puedes recibir untándote berenjena en los dientes y moviendo la pelvis libertaria. Belén se cubrió con un pañuelo de gitana y era Bianca Jagger en mi propia casa. Rodolfo, mi padre, se colocó un minibikini que su esposa le hacía en la máquina Singer donde también cosía mis disfraces. Era mentira, Rházil quiso asustar la liberalidad de nuestra familia con su insuperable humor.

Pero en esas jornadas nudistas de mi infancia germinó mi vocación para el *strip-tease,* que coincidió con los *strikers* (nudistas fugaces) de esa década y que me llevó a convocar un concurso entre mis amigos de colegio: salir corriendo totalmente en bolas desde el salón de mi casa hasta la esquina. El concurso tuvo mucho éxito en sus primeras convocatorias hasta que uno de los niños, emocionado, explicó a su madre, maestra de la escuela, lo que hacíamos. Hubo un consejo educativo que cercenó para siempre todo esto. Mis padres dejaron de practicar el «culto solar» y la macrobiótica resultó un tedio de arroz con sabor a césped y a té sin azúcar.

Pero mi entrega al desnudo continuó. A lo largo de los ochenta, cuando el aeróbic nos devolvió el espíritu griego hacia nuestras figuras, me desnudaba, supuestamente espontáneo, en todo tipo de fiestas, proclamando loas a la maravillosa experiencia de la desnudez. Ahora, ya lo sabe, no he hecho más que desplegarla en la televisión actual con la excusa de que me ayuda a entender el cuerpo que la naturaleza se ha negado a modificar. Es un poco como la venganza de España por aquella frase épica de Bolívar: «Si la naturaleza se opone, lucharemos contra ella y haremos que nos obedezca»; frase que proclamó ante un cardenal enviado por la Corona española, delante de las ruinas del terremoto que destruyó Caracas en 1800, el cual, según el prelado, era una señal de Dios por las insurrecciones independentistas.

Gracias a la televisión, he venido a España a demostrar que la naturaleza, cuando se lo propone, es inquebrantable. Mi padre me decía cada 12 de octubre que la verdadera historia del Descubrimiento consistía en que los españoles vieron a las indias con sus pechos al aire y descubrieron lo que era una teta. Jamás habían visto una en Europa. Las indias, al mostrarse amables, descubrieron los falos hispanos. Y el encuentro de culturas demostró que el sudamericano, quizá por asiático, era muy superable en media. Tal vez por eso, le digo, disfruté tanto desnudándome en nuestra televisión.

Volviendo a esa telenovela que no me dejaban ver, en verdad los actores no estaban tan mal vestidos. A pesar del *two year condemnation,* ese serial hoy refleja muy bien las mini y maxi faldas que rivalizaban en los primeros años setenta. Y los aros, y los pañuelos y *look gypsy* que mi madre usaba y que fue la primera señal de alerta sobre mi sexualidad y mi condición de histrión en casa. Un día me vestí de esa guisa y me adorné, además, con una estupenda cartera de canutillos naranjas, que aún Belén conserva. Parecía una de esas madres rumanas que piden al Conde Drácula que devuelva a sus niños. Si me permite, un *look* muy Madres de Mayo, que, con todos mis respetos, también es un *look.* La idea de mi *performance* era interpretar a una de las amigas críticas cinematográficas de mi padre, que también vestía así. Y aparecí en el comedor ataviado de este modo, hablando como ella y fumando falsos pitillos de tabaco negro francés, los Gitanes. Rodolfo se puso lívido (nunca he sabido si fue por el atuendo o por la interpretación). Mi madre trató de enmendar la situación, pero la única salida fue deshacerse de ese traje y los pañuelos. Desde aquí, compungido, ofrezco mis disculpas a esa fantástica falda.

En esa telenovela de la que tanto quiero hablarle, el *look gipsy* era vital. *Raquel*, título derivado del nombre de su protagonista, era una estudiante muy rica de un instituto muy estricto. Se enamora de su profesor, que ostenta compromiso matrimonial con otra docente. Raquel acaba con todo a golpe y porrazo, como decíamos sus fans. Y QUEDA EMBARAZADA, que son esas tres palabras que se escriben solas en el capítulo del viernes para que el espectador esté en un hilo hasta el lunes siguiente. Gran sufrimiento de nueve largos meses, hasta que Raquel paría en circunstancias precarias, con personajes delictivos, una enfermera chantajista y su marido bribón, que la convencen para abandonar al niño. Y ella, loca total, lo hace. Entonces se casa con el profesor, a quien siempre le achacará la tragedia de su vida. Y ya iban cientos de capítulos cuando mi madre consideró que esa historia era demasiado fuerte, pero, sobre todo, demasiado reaccionaria. Es la historia de unos pecadores, víctimas de sus errores, que viven atrapados en una jaula, para el disfrute de un espectador que no tiene cara.

Ésa es mi adoración por la tele: inventa y perturba a su sociedad, juega con sus propias reglas, alimenta sus prejuicios y crea desde la mediocridad. Todo lo que un estilo y una personalidad deben conseguir: manipular. Manipular es el don hasta ahora secreto del medio. No puedes vivir sin ella, porque es tu proveedora de contenidos. Y uno mismo, en este momento de la vida, no quiere buscar contenidos, sino que te los traigan a casa. Por eso la disfruto. Y además, me niego a criticarla y censurarla. Hemos apostado juntos y ganado varias veces. Ahora soy una estrella, aunque jamas imaginé lo que esto suponía. La televisión me ha sorprendido con este regalo en un país que no es el mío y me ha convencido de la globalidad, porque a través de ella mis compañeros de trabajo y yo jamás hemos sentido una diferencia que no fuera geográfica. Hemos visto al Agente 86 y a James Bond prácticamente las mismas tardes. Y hemos cantado el dueto de Pimpinela «Pega la vuelta» con la misma guasa. Entendemos al Puma y también a Julio Iglesias, aunque ellos, mis compañeros, quizá no saben que en Latinoamérica se hablaba de una dura rivalidad. ¡Vimos a Uri Geller doblar cucharas!, sin duda, uno de los eventos más trascendentales del siglo XX. Usted con José María Íñigo, nosotros con Horangel, un hombre argentino que hace de los horóscopos un debate político y que se mantuvo hierático en su *blazer* y cuello cisne blanco, mientras Geller doblaba las cucharas, disparaba las audiencias y transformaba tu niñez en una aventura absoluta. Al día siguiente, yo estaba ahí, en el cajón de la cocina, doblando cucharas en secreto, que era como me gustaba hacerlo. Como si estuviera haciendo lo indebido.

Es cierto que, a pesar de no tener una buena relación con la moda, la televisión te crea héroes que lograban aportar algo de estilo a tu colección de maestros. Geller o Tom Jones provocando que las bragas volaran por los aires de las emisiones de tantos programas en directo. Y Topo Giggio, por favor, a quien durante años amaba, amaba, amaba. Lo veía muy comprensivo conmigo mismo, porque surcó esa débil raya entre lo asexuado infantil y lo mariquita para toda la vida, que era mi conflicto, mi destino. Sí, siempre supe que Topo Giggio y yo éramos *gays* y que nos gustaba la televisión. Le he copiado muchos de sus gestos, el que más, la caída de ojos. Oh, querido lector, le estoy revelando tanto. Pero esa batida de pestañas propia del Topo era gloria. Se lo hacía a todo el país, y a todos los niños del mundo, sin que nadie supiera, sólo él y yo, el código *glamour* encerrado en ese aleteo rimelado y cómplice. Y fue creciendo, llegamos a vernos a diario hasta que alcancé los doce, si no me equivoco. Por entonces estaba enterado del fenómeno Toni Manero y de las Biancas Jagger del mundo. Y desapareció un día. De lo contrario, Giggio hubiera terminado escandalizando a mis padres con otra falda *gypsy,* y llevándome a un bar *gay* a mover las caderitas de lado a lado como él hacía con su televisiva ternura infantil. Uno de esos amigos que te marcan y luego te abandonan para siempre me dijo: «No le dejaron crecer porque iba a ser mariquísisima.» ¡Fue terrible! Porque yo sí me volví mariquísisima. Y cada noche con sus días escucho la voz de Topo llamándome desde el zulo, armario, confesonario o garita donde le retienen, pidiéndome «¡Boris, llévame a tu programa!». Y ha sido ese grito, créame, lo que me ha llevado a ser una estrella de televisión.

La telenovela, como todo en la televisión, es carne de ataque y de desprecio. Aprovecho para redimir el uso de la palabra género en este tipo de producto televisivo, porque es absolutamente aceptable. La televisión es una industria muy delimitada, con sus características y sus tipos. La telenovela, el *soap opera,* ha contribuido a trasladar el melodrama del Hollywood de la MGM a un territorio más masivo. ¿Sin ningún *glamour?* No, con el suyo. Cada rincón, cada esquina aporta su ingrediente al *glamour* universal que vivimos. El de la telenovela latinoamericana ha sido unir un continente que se empeña en desconocerse. *Cristal* o *La dama de rosa* han hecho por nuestras culturas más que la OEA (Organización de Estados Americanos) o la revolución de Castro. Y si su *glamour* no es de vestuario, se debe a la tan cacareada *two year condemnation.* Y también al placer que a sus guionistas nos provocaba el jugar con su innata vulgaridad. Le explico. Jeannette Rodríguez, la protagonista de los culebrones que acabo de mencionar, adoraba maquillarse. Corrían todo tipo de rumores sobre su carácter difícil, fama subida, niñez traumática, lucha desde lo más bajo de los escalones del éxito, etc. Pero esto era cierto, llegaba a grabar y se instalaba en maquillaje, cada vez más protegida de mirones. Cuando Gabriella Suárez —la heroína de *La dama de rosa* interpretada por la Rodríguez— tiene que ingresar en la cárcel por un crimen que no cometió, el director planteó la posibilidad de *vérité* o complacer el gusto de la actriz por el maquillaje. «Lo segundo», exigí, de pronto, saltándome las jerarquías: yo era dialoguista no autor. José Ignacio Cabrujas, su autor, me miró divertido y sostuvo el maquillaje. Jeannette aparecía en el comedor del retén femenino con unas pestañas imposibles y decidimos inventar un personaje, la directora de la prisión, a la que ya le acotamos en el propio guión: «Pese a su cargo, es la elegancia personificada». Y, por una vez, la *two year condemnation* conoció la espada justiciera: ¡Jamás hubo directora de cárcel más *flamboyant,* con *foulards* hasta la cintura, retando al fantasma de Isadora Duncan, grandes peinados, uñas de rojo asesino, ojos tan marcados como los de Ana Torroja en sus vídeos Mecano! Hubo críticas, se nos acusó de burlarnos del régimen penitenciario venezolano. Pero no nos rendimos. Cuando Gabriella Suárez escapaba de la cárcel con la venganza en su frente, se convertía en Emperatriz Ferrer, uno de esos nombres que fascinaban a Cabrujas y cuyo gusto me ha dejado por herencia. Y Emperatriz Ferrer, cómo no, iba de lamé dorado al mediodía o de blusa de tachones y pequeñas lentejuelas al día siguiente. No quedaba puta, quedaba insólita y, como la frase de Bolívar, desafiando a la naturaleza hasta que le obedeciera.

La dama de rosa y *Rubí* triunfaron en España y nuestro *shock* fue grande. «¿Nos compran esto en la Madre Patria?». Cuando venía de vacaciones y seguía siendo un dialoguista, me invitaban a firmar en los libros de los restaurantes como «autor de *La dama de rosa*», que no era cierto, pero muchas cosas de la televisión no se pueden aclarar. Siempre tuve la sospecha de que fascinaba el espíritu de la invencible *two year condemnation*. No parecíamos horteras, lo éramos, pero sin culpa alguna, con puertas que temblaban, escaleras de sincero peligro. Cabrujas siempre pedía una escalera en sus telenovelas porque le traía suerte. En realidad, hacía un homenaje a las casas de María Félix en sus películas o a las de las hermanas Legrand en sus filmes de teléfonos blancos en Argentina. Yo seguía con mis escenas de presidiarias supermaquilladas, malvadas envueltas en falsos *cashmeres* tercermundistas (que es redundancia, sí; pero entienda que la lana de Caracas era demasiado andina para resultar budista). Y terminé creándome, fíjese, una gran reputación como «dialoguista elegante», lo que me acercó peligrosamente al corazón del infierno: el departamento de estilismo.

Era un departamento al que los actores de mi generación adjudicaban improperios de todo tipo. «No queremos vernos como Raúl Amundaray», el galán por excelencia, el profesor atormentado de mi amada *Raquel*. Entré de lleno en esa polémica con mis citas de *Vanity Fair* y demás moñas, y vi cómo las sastras hacían muñequitos vudú con mis rizos de entonces y los guardaban boca abajo en los cajones de sus máquinas de coser. Los propios actores, protagonistas de aquel motín, tampoco tenían idea de un *look* que enterrará para siempre los trajes de chaqueta de doble botonadura de Amundaray. Sus ideas eran peores: *blazers* de yate, trajes de chaqueta con corbatas estridentes, falsos Armani comprados a expertas en sustituir etiquetas, etcétera. Pandemónium puro y duro.

Recuerdo a Fernando Carrillo, el galán de *Abigail*. Fernando hizo su primer papel en *La dama de rosa*. El hombre más bello —como le gritaban las niñas— se estaba despelotando frente a mí en el amplísimo y profundísimo almacén de vestuario de RCTV. Me imploraba que le encontrara un traje a su gusto. Esas sencillas direcciones. Todo lo que veía a mi alrededor, mientras se desnudaba totalmente, eran esos trajes de chaqueta de una década desconocida. «Fernando, no sé qué decirte. Es todo horrible», afirmé volviéndome para admirarlo en su espléndida desnudez. Él vino hacia mí, total desinhibición, y cogiéndome, ay, de la cintura, sacudió los trajes. «Es una putada, tienes que mostrarme algo.» Pero al sentir todo ese físico tan cerca de mí, recordé la frase de mi padre: «No te enamores de actores», y me di cuenta del peligro que corría si continuaba «asesorando», fuera de todo orden sindical, el vestuario de mis actores. Estiré la mano, mis ojos y pestañas de Topo Giggio admiraban de soslayo toda esa belleza masculina..., y encontré un traje perfecto. Gris, entallado, y con pantalones aún más entallables. «Un profesor joven como tú lleva traje, pero muestra sus piernas y su culo.» Y le dejé contemplándose con gran satisfacción. Lamenté rendirme de esta manera a mi búsqueda de la perfección en el vestir. Sé que debí enseñarle a amar a un hombre, pero preferí dejar ese tormento a otros sastres.

Rubí, que fue otro gran título de mi pasado como guionista de telenovelas, significó una pesadilla de principio a fin. ¡Y fue el éxito más importante de la «conquista culebrónica de Venezuela», como gustábamos llamarle sus participantes. Descubrimos, en aquella época, que Venezuela es un país que sólo entiende de líquidos: petróleo y lágrimas. Pero era un infierno. Y no deseo agobiarle con detalles, aunque algunos fueran de órdago. Una de las actrices enfermó de leucemia, y le juro que no existe peor enfermedad en un plató de televisión. Los nervios subyacen muy a flor de piel entre los actores. Y las hipocondrias también. Cuando se certificó la noticia, el gabinete médico de la empresa quedó bloqueado. Todo el mundo presentaba síntomas. Las ambulancias iban y venían para recoger posibles infectados. Las revistas hacían cábalas y plantaban reporteros en cada esquina. Era tan tercermundista como gozoso, que es una mezcla que el subdesarrollo explota a fondo. «Brote de leucemia», «Rubíes de enfermedad», «Psicosis médica», se leía en titulares.

Y cuando todo amainó, estalla toda Caracas en una revuelta contra las medidas económicas del gobierno de Carlos Andrés Pérez. La ciudad ardió en saqueos y disparos de la guardia militar a todo tipo de civiles, que robaban desde reses completas hasta ordenadores sin desembalar. Los actores y escritores de la telenovela quedaron atrapados en la cadena de televisión porque la turba se agitaba a las puertas del canal. No en balde, a tan sólo unas calles se hallaba uno de los barrios más miserables y peligrosos de la ciudad, un infierno dantesco llamado «ciudad invisible», porque en verdad no existía, ni estadísticamente, ni geográficamente. Sólo cobraba vida cuando algún incauto cruzaba su umbral sin sombra y moría atrapado en todo tipo de crímenes. Un día oteé sus confines y me asombraron los secretos poderes de la miseria, que, puestos a ver, se parecen a los que invoca el maquillaje y nuestro adorado *glamour.* Con más violencia, no hay duda, pero con parecidos movimientos bajo la piel, el asfalto, la luz del sol y el brillo de la noche.

Como le decía, agobiado por el espanto que vi al día siguiente de la revuelta (heridos abrazados a neveras envueltas en plástico, madres sujetando el cuerpo sangrante de un hijo, el cielo de Caracas arrojando su permanente azul), acudí al plató, pues había que escribir el capítulo de ese día. El país se caía y nosotros teníamos que entregar la misma dosis de sonrisas y lágrimas en la vida de *Rubí.* A medio camino de una de esas secuencias donde ella y su enamorado, Víctor, volvían a decirse que estaban hechos el uno para el otro, sólo que los separaban razones sociales, tuve un disgusto moral tan fuerte que, por primera vez, me vi avanzando en el interior de la basílica de Santa Teresa, en el centro de la ciudad quemada, siendo yo, como se sabe, ateo sin bautizar. Allí vi el rostro de la opresión social. La basílica convertida en una corte de milagros dantesca, palúdica, miserable.

Atormentado, intenté explicarle al jefe de dialoguistas lo que me sucedía. No podía escribir diálogos de amor entre una chacha y un rico con trajes de una década antediluviana mientras una revolución dividía la antigua nación de prosperidad petrolera en un enjambre de pobres contra miserables sin rasgos.

—Tienes un compromiso con la audiencia —me dijeron.

—No podemos continuar ofreciendo estas ñoñerías.

—Cuando pase todo esto, las ñoñerías, Boris, seguirán allí, y ellos lo agradecerán.

Me quedé de piedra. Y odié el medio al que he vendido mi alma. Pero, como en todas las confrontaciones que haces con el demonio, uno nunca tiene la razón. Y volví a escribir mis «te quiero y te necesito» mientras locales, personas y chabolas ardían delante de la ventana de mi despacho.

Veo mucha televisión. Lo primero que hago en los hoteles es encenderla. En casa de mis padres, charlo un poco y la enciendo de inmediato. Es perfecta en su compañía. Y observo cada vez más cómo *Crónicas marcianas* influye en todos los programas. De hecho, la frustración más grande de la competencia es no encontrarle el producto que lo sustituya. Tendría que ser el mismo programa, que es la regla número uno de la contraprogramación. Javier Sardá mantiene la tensión en *Crónicas* demostrando que la mejor sorpresa es reírse. Yo no podría estar más de acuerdo con un criterio. Cuando nos conocimos, Sardá me pilló contemplando su coche, el «Escarabajo» clásico, además descapotable. Me enterneció, reconozco, que ése fuera su coche. Me pareció *sexy* e intelectual, y sobre todo, muy Barcelona. Vino hacia mí y habló del volante, el motor, el taller donde, respetando la carrocería, modernizaron el motor. Como sabe, el hombre catalán es totalmente adicto a los motores, creo que eso le hace sentir todavía más industrial. Estuve allí, sosteniendo una conversación ignota para mí, esperando decirle en cualquier momento: «Todo lo que he hecho hasta ahora, lo he hecho para llegar a *Crónicas marcianas*». Cuando logré decirlo, Javier me tomó del brazo y me dijo: «Sal esta noche.»

El delirio sardariano ha sido mi escuela pero, sobre todo, mi descubrimiento. Observo mis agendas desde que vivo en España y me doy cuenta de que he pasado por todas las cadenas y por iguales productoras. En todas ellas fui ave rara y nunca talento catódico. Hasta que Sardá y yo decidimos detenernos frente a ese «escarabajo».

Hoy asisto al momento «cumbre» de toda estrella catódica o cinematográfica: observar mi propio nombre en la puerta de un camerino. Esther Williams dice en su biografía que es el principio del fin de tus sueños. Ella redecoró el camerino de Greer Garson. El mío perteneció a Mercedes Milá. No hay huella de su paso por él, a diferencia de Esther, que sustituyó la cretona británica de la Garson por plástico superamericano que pudiera resistir todos sus productos *water proof*. Cuando salgo hacia el plató, observo que mi nombre, nueva identidad de esta celda sin detalles pero cargada de verdades, está escrito sobre una plaquita... removible. Para que no se me olvide la futilidad de esta vida, la plaquita está ligeramente fuera del marco. La ajusto y reconozco que, al menos en la televisión, todos somos plaquitas ligeramente deslizables.

Ser estrella de televisión en la Europa de tus descubridores es un fenómeno delirante. He intentado aportar a mi desparpajo una buena dosis de «expresión vestual», es decir, trajes, corbatas, camisas, disfraces, como si el público fuera el espejo más grande del vestidor más variado de la tierra. He luchado contra realizadores exigiendo ese plano de mis zapatos o sandalias porque sé que verlos es un placer que necesito compartir. Vivimos un tiempo en que la ropa nos esclaviza y considero ridículo rebelarse, todavía. Vendrá el momento de hacerlo, ninguna dictadura es eterna. Por ahora, cada prenda se diseña con el deseo de vampirizar a su posible propietario. Una camisa atrapa mucho más que una persona o un animal doméstico. Unas gafas, unos pantalones, esas mariquísimas sandalias. El ser catódico debe perder todo pudor ante el goce del vestuario. Esa sería la victoria sobre nuestra conocida *Two year condemnation*. *Glamour* y televisión son totalmente manipuladores. Juntos, el *glamour* adquiriría un nuevo escaparate para su innata vulgaridad, y la televisión perdería su complejo de falta de elegancia.

CAPÍTULO XV

JACKIE *FOREVER*

El día en que murió Jacqueline Kennedy Onassis me encontraba sin hogar en Madrid. Quien me ofreciera su casa se había hartado de mí al mes de invadir su privacidad. Descubrí entonces lo que sienten los emigrados centroeuropeos cuando se aventuran al continente comunitario. Encima, mi heroína expiraba «rodeada de sus libros, sus amigos y sus objetos más queridos», como explicara su hijo John John a las puertas de la residencia neoyorquina.

A partir de ese momento, el mundo entero catapultó a la mujer de las gafas de sol, a la mujer de la viudedad incesante, a la solitaria estrella *glamour,* hasta convertirla en una especie de santa moderna cargada de pecados perdonados en aras de la lucha por conseguir, una vez más, «la mujer que siempre quiso ser».

Jackie fue una mujer totalmente contemporánea. Desde el primer momento estableció sus criterios y peleó denodadamente por llevarlos a sus máximas consecuencias. El trayecto (brillante, cruel, violento) estuvo marcado por críticas severas que la tacharon de egoísta esfinge sin sangre; loas cargadas de frivolidad por su estilo o su manera de sonreír; y secretos de Estado, repartidos entre la CIA y el FBI como espía al servicio del imperio de EE. UU.

No existe una sola Jackie, que es la capacidad esencial de la personalidad moderna y la estrella *glamour* en vigorosa simbiosis. Está, por un lado, la hija del padre alcohólico y atractivo. El señor Bouvier: hombre que dilapidó una fortuna y una posible carrera como inversor por conseguir ser la imagen del triunfador con pedigrí. «Jack» Bouvier (machista, coleccionista de amantes, chulo de una generación de niñas ricas, entre las que estaba la madre de Jackie) era en realidad un *playboy* americano como no ha vuelto a darse. Papá Bouvier conquistaba por su porte, por su fiera seguridad, que precisamente aprendería a cosechar una hija enamorada llamada Jacqueline, el nombre más pretencioso que podría existir.

Jackie sobrevivió a su propio nombre, al divorcio y al complejo de Electra desatado por su padre. Su madre, tras la separación de Bouvier, se dedicó a encontrar un hombre que asegurara dinero y prestigio, aunque éste tuviera una especial inclinación por las veleidades pornográficas (hoy descubiertas también en el desafortunado John John). Sí, el señor Hugh Auchincloss, el padrastro rico de Jackie, coleccionaba todo tipo de películas de pornografía (pederastia, sadismo, zoofilia, homosexualidad, bacanales) sin que a su esposa pareciera importarle en absoluto. En la biografía escrita por David Heyman se insinúa la posibilidad de que sólo la propia Jackie fuera la sabedora del terrible secreto de su «tío Auchincloss»; lo que explicaría el intenso desinterés de esta mujer por el ansia sexual de los varones. Kennedy la traicionó una y otra vez, como todos sabemos. Onassis la deseó como trofeo humano en su materialismo triunfador. Y ella aguantó y sobrevivió a los dos titanes para conseguir libertad, renombre y la inquebrantable llama del *glamour.*

Existe otra Jackie, niña vestida de jinete que derrocha abolengo. Otra distinta, apenas cumplidos los dieciocho, donde hace de *movie star* con sus compañeras de Universidad, en Vassar, y donde se muestra como de verdad debió de ser: intelectual, liberal, egoísta, pero con un gran sentido político e histórico. Luego está la Jackie reportera, fotografiando con una máquina pesadísima unos peces en mitad de la calle: la mujer leyenda que intenta captar el surrealismo de su tiempo. Y entonces aparece Jackie casándose con Kennedy y uno ve la mano del márketing dirigiendo las uñas del destino: la unión de dos personas que cambiarán el siglo. Jóvenes, atractivos, más que sanos enérgicos, valientes, de un egocentrismo que aún no se decidía a convertirse en valor de cambio. Y después, paso a la Jackie política: embarazada en las convenciones, con su hija Caroline en campaña, sobre trenes, automóviles, andando, la América que guía al mundo en busca de la epopeya personal. El sombrero pastillero y el abrigo rojo de la toma de poder de Kennedy haciendo de Mamie Eisenhower un fósil atrapado en pieles. De nuevo, paso a la Primera Dama que redecora la Casa Blanca en un intento por convertirla en Museo de lo Americano Colonial. Vreeland cuenta cómo Jackie se hizo con un libro de datos sobre todos los muebles de la casa mausoleo y el sitio donde deberían estar y, si no se encontraban en su lugar, la Primera Dama poseía, además, el nombre, el teléfono y la dirección de quien lo hubiera sustraído. Washington entero temía la llamada, siempre con esa vocecita educada de megaperra, que te pedía si por favor podías devolver el cuadro, la alfombra, el cenicero que sabemos que tienes en tu poder y tu país te reclama. Llamada tras llamada, la infatigable señora Kennedy recuperó el patrimonio de un país con doscientos años de historia marcada por el éxito. Cuando mostró a la nación lo que había conseguido, el aplauso fue casi unánime. Algunas de esas llamadas fueron a dar a coleccionistas celosos que en más de una fiesta habrán creado para Jackie el mote de «terror de los anticuarios modernos».

Punto final a Camelot con el traje rosado de Chanel que Dallas transformó en una de las prendas históricas del siglo. Asesinato de Kennedy. Se dice que Jackie saltó a la parte trasera del descapotable porque estaba entrenada por la CIA a moverse rápidamente si algo le sucedía a su marido. Heyman y otros biógrafos explican que Jackie, en realidad, fue a recoger un trozo de masa encefálica del esposo que las detonaciones impulsaron hacia la cola del coche. Masa encefálica o estrategia del Pentágono, la imagen de Jackie arrastrándose sobre el vehículo en movimiento es verdadera, espeluznante, valiente e incomprensible, como lo ha sido el resto del milenio después del magnicidio. Cuando observo a Tom Cruise en *Misión imposible* deslizándose sobre el tren de alta velocidad, creo que es un guiño, de tantos, que la propia América se ve obligada a hacerle a su Primera Primera Dama.

Jackie subió al *Air Force One* con ese trozo de masa encefálica, tras llevarlo al hospital y desafiar a los médicos a que «hicieran algo con eso». No la querían dejar entrar en el quirófano, hasta que mostró aquel resto cerebral, asegura Heyman. En el avión, con su marido muerto y la nación paralizada, le propusieron cambiarse de traje. El Chanel estaba cubierto de sangre y ectoplasmas varios. «No, quiero que vean lo que han hecho» respondió, con la vocecita exactamente cargada de dolor y furia. Nadie se le acercó en el largo vuelo a Washington. Lyndon Johnson y su mujer venían allí, quizá saboreando sus hieles como nuevos esposos presidenciales. Pero Jackie, en su silencio y con la inmutabilidad de viuda gélida, estaba construyéndose a sí misma como referencia definitiva de la modernidad.

El funeral de Kennedy fue su gran creación, ejecutada con el mismo ahínco y la misma vehemencia que la redecoración de la Casa Blanca. Pidió, aún vestida con el traje del magnicidio, los archivos del funeral de Lincoln. Los estudió y los calcó paso a paso. El cadalso, el coche fúnebre con los caballos, la música, el cementerio de Arlington con su llama al soldado desconocido, y ella misma, cubierta por un velo de nítida transparencia y con sus dos hijos de la mano, para que la nación continuara viendo «lo que han hecho».

En ese velo, apuesto, habrán participado un centenar de estilistas de la misma manera que Dietrich y Travis Banton probaron toneladas de plumas negras hasta dar con la exacta para la llegada de Marlene al *Expreso de Shanghai*. Jackie, bajo el velo, era la imagen del dolor y la entereza en una noble americana, en una reina del mundo moderno. Bajo el velo no estaba sólo la viuda, sino la nueva esfinge, la superviviente, la mujer moderna que respeta la tradición monógama del matrimonio y acepta la superioridad de la sociedad machista, aunque ella misma es la Madre, la Figura y la Historia.

Sus biógrafos hablan de un luto demencial, histérico, desgarrador. Antes del magnicidio (23 de noviembre del 63), los Kennedy sufrieron la pérdida de su tercer hijo, Patrick, que nació muerto. ¿Profecía de ese ángel de la guarda de los Kennedy que produce escalofríos? Es posible, pero la pareja, frente a la crueldad, estableció una tregua en su maltrecha relación, por la que cruzó la pobre Marilyn. Tras la desaparición de Kennedy, Jackie, avefénica, dejó el suicidio a Marilyn, mientras ella se dedicaba a ser madre, aunque sin hogar: al abandonar los honores de primera dama se quedaba también sin disfrutar de su recién decorado palacio democrático. Sus amigas millonarias (como aquí los adinerados mallorquines con el Rey, aunque en este caso se tratase de un barco) la proveyeron de un chalet discreto y muy washingtoniano. Sin embargo, ella, aristócrata y rebelde, pronto encontró esa casa demasiado clase media y partió rumbo a Manhattan. Los Kennedy aportaron el dinero para el piso a regañadientes (sus cuñadas la detestaban, era mucha la vulgaridad que su luz destacaba sobre ellas). Encontró escuelas para sus hijos y entrenó a la escolta secreta para que vigilaran a los críos sin mucho aspaviento: quería que crecieran como niños normales. Este reglamento de conducta debe de estar escrito en los archivos secretos del Pentágono, porque de todas las fotos que existen de Jackie con sus hijos es harto difícil discernir cuál es el agente de seguridad camuflado de civil.

Madre perfecta, viuda discreta en su dolor y animal político superviviente. América y el mundo empezaron a canonizarla y a aburrirla. Jackie retornó a la vida social y aceptó estratégicamente su puesto como símbolo de los sesenta, hasta que la propia década le arrebatara a Robert Kennedy, el hombro donde lloró y el hombre que le devolvió el deseo por la palabra Kennedy. ¡Jackie adúltera, aunque viuda, con su cuñado, es un plato maravilloso que las profundidades del *glamour* insisten en sacar a la superficie! Pero si el feminismo y el posfeminismo apuestan para que la mujer juegue todos los roles que lleva dentro, Jackie es la primera mujer pre y post. Cuando Robert Kennedy cayó asesinado en Los Ángeles, ella gritó: «Están matando Kennedys y mis hijos serán los siguientes.»

Huyó a Europa, que es donde buscan refugio y expansión el *glamour* y sus creadores americanos. En el Mediterráneo aparece Onassis, que ya estuvo en los funerales del propio JFK por medio de Lee, la hermana de Jackie. Lee soñó con convertirse en la esposa del hombre más rico del mundo. Cuando, mucho antes del magnicidio, las dos hermanas recibieron una invitación del naviero a un crucero en el *Christina,* Jackie fue agasajada con un collar de zafiros como regalo. Lee, con una pulserita. El destino, que es griego, humilla sin reparos. JFK llamó la atención de su mujer por aceptar ese crucero: Onassis era objeto de una investigación por parte del FBI y podía suponer un escándalo que la todavía Primera Dama disfrutara junto a un cuasi enemigo público.

Y es que todo estaba entretejido. Todos los personajes del culebrón de los sesenta se conocían, follaban, se evitaban y se encontraban entre sí. Sociedad *glamour*, se llamaba el serial. María Callas se entregó, con *pathos* helénico, a Onassis. Grace y Rainiero aceptaban al naviero porque pagaba sus trajes y palacios. Liz y Burton se divertían con todos. Marilyn se acostaba con los dos hermanos Kennedy, y los dos hermanos Kennedy convivieron con la Primera Dama. América asesinó a los hermanos, catapultó a Marilyn hasta el mito y aceptó el reinado de Jackie...

Hasta que ella decidió, estratega brillante, casarse con Onassis. Existen unas fotos de la pareja paseando por las Islas Canarías que desprenden amor. Amor bohemio, casi cursi, acompañado de brisita y todo. De nuevo, los biógrafos aseguran que hubo pasión y entrega sexual en una Jackie hija de un fornicador etílico y viuda de un priápico demócrata, y en un millonario hecho a sí mismo, ejemplo exacto de «sueño americano»: encantador, apasionado, tiburón, vitalista y envuelto en creencias mitológicas de primera mano. Onassis era telúrico, nunca mejor palabra para definirle. Y era el triunfador en el nuevo orden internacional, tanto en la *jet set* como en la economía. La globalidad: barco en el Egeo, rascacielos en Nueva York, oficina en París, sastre en Londres, intereses en Argentina y mediaciones peligrosas entre la dictadura griega, el Oriente Medio y el FBI. Inició su fortuna vendiendo y exportando tabaco en el país de la Pampa. De allí pasó a la construcción de astilleros como si tal cosa, y luego a la compra y venta de barcos.

Jackie aterriza descalza en Skorpios, junto a sus hijos. Camiseta negra, las gafas mega que aportaría a la iconografía del siglo (como el sombrero pastillero, el traje manchado, la huida de Dallas en el coche descapotable y el velo del funeral) y descalza. Natural, libre, osada, terrenal. Es la mejor fotografía para definir su fascinación. Seguida por lanchas de *paparazzis*, motos, coches, furgonetas y helicópteros, ella va descalza, dejando que la arena griega impregne sus pies de mitología para avivar la suya propia.

Con Onassis ella buscaba la libertad, en este caso, llamada fortuna; una fortuna suficiente para no depender de los vulgares Kennedy y escapar a sus tragedias y a los prejuicios de la América puritana. Y lo consiguió, aunque ganándose el odio de su público: al casarse de nuevo mientras JFK y los gusanos mantenían el sueño de Camelot bajo la tierra. Pero ahora era meretriz, megaperra absolutísima, gastándose sumas imposibles en trajes, objetos, muebles, cuadros, decoradores, alfombras, helados, todo lo que fuera consumible, que en nuestro siglo lo es todo. Jackie se alza como la Diosa del Consumo, la compradora compulsiva con la que estamos obligados a convivir en este *Morir de glamour.* «Una vez la ayudé a seleccionar ocho Ungaros», me dijo una noche Miguel Bosé. «Eran muy aficionados a rodearse de belleza de todo tipo. Muebles y personas», admite Bosé. Otros testigos de sus «ataques consumistas» en Valentino la recuerdan acariciando jerseys de *cashmere* y pronunciando cada letra de la palabra: *c a s h m e r e* como si fuera un mantra con el que seguir hasta la próxima tienda. Llegaba a anestesiarse y a parecer «colocada» al final de sus *shopping spree,* muy plausible por otra parte. No existe mejor droga. Lo peor sobrevino cuando Onassis descubrió que su esposa recuperaba el gasto revendiendo las prendas, que acababa de comprar, a una tienda de selectísima segunda mano. Con el sello de «haber pasado por las manos de Jackie O», la falda Ungaro jamás vestida llegaba a costar, a veces, ese extra más que enfureció al armador griego. Su mujer hacía con él lo que él llevaba años haciendo con sus socios: utilizar el dinero de los demás y lucrarse mejor que nadie.

Jackie es siempre inteligente, siempre lúcida para entender la historia, las esquinas del peligro, las sendas prohibidas y el cruce libertario del chic campeador con el *glamour.* Mientras Onassis agonizaba en Europa, ella redecoraba su casa en Nueva York, consciente de que el final de su matrimonio ya era un papeleo de abogados. Cuando Ari al fin murió, Jackie llegó tarde a París y se enfrentó a la prensa con una de sus miradas de odio, que sólo ella sabía arrojar. La mujer que inventó el concepto de *mujer más famosa de la tierra,* la mujer perseguida por la prensa, la mujer querellante contra todo tipo de *paparazzis,* supo transformar cada gesto en una instantánea para la historia. Al aterrizar en Skorpios para el sepelio y bajar del avión, Christina —la hija heredera, gorda, adicta a la Coca Cola y a las anfetaminas— vio las hordas de hienas Nikon y retrocedió espantada. Jackie, la mujer blanca en la selva mediterránea, la tomó fuertemente, lanzó su sonrisa de esfinge americana, Mata-Hari posconquista de la Luna, y le dijo: «No te preocupes. Pronto habrá terminado».

Para Jackie, sin embargo, empezaba el anhelo más deseado: ser ella misma. Jacqueline Kennedy Onassis, mega nombre, mega apellidos, poder, destreza mediática, nicho en la historia, viuda, madre, fortuna hiperbólica a sus cuarenta años y el servicio secreto de la CIA protegiendo a sus hijos en fantástico camuflaje. Mega Jackie, ya no mega perra, sino mega ella misma, decide trabajar y se entrega al mundo editorial. En Doubleday, su primer trabajo, los compañeros se asustaban cuando el enorme rostro (sí, tenía la cara grande, mandíbula equina, ojos muy, muy separados y ese pelo que había que transformar en casco, escudo, pararrayos, predecesor de las antenas parabólicas, para darle un sentido social) aparecía, sin aviso, preguntando por el aseo o por la máquina del café. La Jackie trabajadora es similar a la Greta Garbo que, en pleno apogeo de su carrera e influida por el fracaso de su última película, abandonó Hollywood y se entregó a la soledad más absoluta hasta convertirse en un mito, en un fantasma que cruza y marca la historia.

Adoro a esta Jackie. Como la Garbo anónima, Jackie apuesta por las enormes gafas, el impermeable en invierno y las camisetas en verano para ser una neoyorquina más, aunque no deje de ser portada de todos los periódicos. Jackie es un ejemplo de supervivencia en el mundo de la fama. Jackie se mueve inasible, impávida, siempre ligada al legado político de JFK. Aparece en las convenciones demócratas cuando quiere y las transforma en conflagración masiva.

En el año 1966, Jackie, todavía marcada por el magnicidio, aceptó una invitación de la Casa de Alba, para inaugurar el *Baile de los Debutantes* en Sevilla. En las imágenes que el NO-DO guarda, Jackie desciende del avión y besa con femenina alegría a la Duquesa de Alba, Cayetana (nuestra Cayetana de la voz, los títulos y el refinamiento europeo que pasa del *glamour* y cree en la autenticidad y en el folclore). Los que la conocieron recalcan que Jackie O, como Diana de Gales, tenía una habilidad especial para hacer sentir cercano a cualquiera. Lo cual, de paso, es siempre cierto: uno ha crecido viendo sus vidas, igual que sucede con Preysler o Carolina de Mónaco, las herederas cien por cien del Espíritu Jackie.

Jackie y la Duquesa surgen en esas imágenes amiguísimas de toda la vida. Cayetana le muestra la Feria de Abril, y Jackie va en traje corto, con sombrero cordobés y altivez de mujer hípica. Después está sentada junto a Cayetana en una caseta, atentísima a las sevillanas, con esa misma mirada que tenía para los elefantes en Camboya, los palacios y saris en la India, o ante el muro de Berlín cuando su marido declaraba: «Yo soy Berlín».

Atenta, educada, geisha y espía (seguramente más de una vez estas palabras cruzan sus significados), Jackie deslumbra a la Sevilla franquista, a través del prisma elevado de una casa real que siempre mostró especial interés en ridiculizar al Caudillo. Sí, porque la viuda del asesinado Presidente del Mundo no cruza camino ni con la esposa, ni la hija, ni con la nieta del Generalísimo. Años antes, cuando Cayetana fue debutante quinceañera, su padre le negó una invitación para esa fiesta a Carmencita, futura marquesa de Villaverde, con la estupenda frase: «Todavía hay clases en este país, General». Jackie no pertenece a ideologías. Porque es el Chic Campeador.

En el baile, el evento que la ha traído a esta tierra de fiestas, toros y sangres reales, Jackie preside la mesa donde toda la atención del mitómano, del mariquita con aspiraciones, la perra y la perrita, detiene sus ojos y se entrega a la hipnosis frenética.

Es así como tenemos hoy la foto (véase la foto número 16).

¿Y qué es lo primero que nos atrapa?

Allí está, Jackie *Forever,* levemente erguida, inclinada hacia adelante, hacia la diagonal de su mirada y de la inmortalidad que ésta le otorga.

Su piel desnuda, sus magníficos hombros (auténtico don de la naturaleza para contrarrestar la enormidad de su cara) desafiando y desafiando.

Su mirada dirigida al moño de la debutante en su primer baile, su bautizo social, bienvenida internacional al mundo de la fatuidad: el horizonte del *glamour.*

Pero, vienen las sorpresas: ¡Jackie no está sola en esa larga mesa! Casi a continuación se sienta..., ¡la mismísima Grace Kelly! Sí, la Casa de Alba y Sevilla lograron, por una vez en la historia, lo imposible. Unir a la Princesa monegasca, nacida en Filadelfia, y a la Reina de la democracia más potente de Occidente, nacida en Massachusetts, el Estado más europeo e histórico de EE. UU. ¡Juntas, en Sevilla! Se comprende que los fotógrafos apostados delante de esa mesa presidencial no dispararan, sino prefirieran contemplar. Nunca más volverían a estar juntas. Ni siquiera cuando Carolina acarició el enamoramiento con John John que, de seguro, Jackie vetó rápidamente. Porque, siempre según la leyenda de los biógrafos, Jackie y Grace compartían un terrible secreto: durante la operación de espalda que JFK sufrió en plena campaña para el Senado de Massachusetts, la maravillosa esposa, Jacqueline, abrió la puerta de la habitación del hospital y encontró a una bella enfermera masajeando entre risas y besos al erecto demócrata. La enfermera intentó cubrirse, pero la esposa herida la enfrentó y descubrió que se trataba de la estrella cinematográfica. Es una leyenda que sobrevuela esta magnífica fotografía, tan parte de nuestra historia española como... el propio Pelayo. Juntas, pero evidentemente separadas: la viuda, desde su silencio, con su hombro desnudo, con su peinado protector y con el gesto imperial arremete contra la Princesa, con una violencia que prácticamente la elimina de la foto, borrándola sin empujarla fuera de ella.

Mirando la foto, pienso que Jackie nos obliga a ver a la Princesa de Mónaco, precisamente como eso, una Princesa, mientras que ella es la Reina. El hecho de que Jackie observe el moño de la debutante y dibuje la elegante sonrisa que no separa sus labios, demuestra que Jackie disfruta el baile, porque ella también lo vivió, también fue debutante en la costa este americana. Y se deleita con el recuerdo, con todo lo que esa joven bailarina está sintiendo. Pero hay algo más en ese segundo que la fotografía nos devuelve. La instantánea subraya que Grace, pese a ser más rica que la Jackie de apellido ilustre, no pudo participar de esas fiestas, porque se vio obligada a dejarlas atrás en su deseo de conquistar Hollywood. Sí, uno puede pensar que Grace hizo tres estupendas películas de nuestra vida y Jacqueline Kennedy fue sólo una viuda por partida doble y con mucha suerte. Pero en la foto, le reitero, Jackie posee el don que todas las estrellas desean: capacidad de eclipsar. Y desde ese oscurecimiento, no sólo brilla, también sabe reinterpretar la realidad, el siglo, la verdad.

A todo esto, agréguele la desnudez de ese hombro. Y entonces le asombrará que al otro extremo de esa mesa, se encuentre... ¡Cayetana de Alba!, ataviada, al igual que Grace y casi todas las señoras presentes, con un visón blanco, corto, pero visón. Jackie sólo tiene un echarpe, suerte de *shatoosh* antes del *shatoosh* (bufanda exquisita perseguida por la ley) cayéndole en el hombro izquierdo. Al igual que hizo con Mamie Eisenhower en aquel enero gélido en que su marido juró como Presidente de EE. UU., la Reina del *glamour* momifica a sus acompañantes como si fuera lava pompeyana. Grace parece una guiri rica, y Cayetana, pese a llevar un abriguito corto, termina por colocárselo sobre los hombros.

Eclipsando y momificando, Jackie crea escuela, asienta criterios. ¡Quién ha oído hablar de pieles en Sevilla! Ella, la mujer que se negó a quitarse el Chanel ensangrentado, «para que vean lo que han hecho», no puede aparecer en plena noche otoñal —apenas encima del Sahara— con unas pieles de matrona destemplada. Ella es la verdad de las palabras de Bolívar: «Si la naturaleza se opone, lucharemos contra ella y haremos que nos obedezca.» No hay pieles, es mi hombro desnudo el que me protege del destino, del vaivén de los estilos, de la mojigatería, del protocolo y del ridículo «saber estar». Yo estoy, aquí, siempre, surcando inmortalidades con mis gafas enormes. Jackie *Forever*...

Capítulo XVI

La vida es una fiesta

Y el mundo, una tendencia. Es la frase de mi vida, la que me permite creer y seguir avanzando. ¡Las fiestas de mi vida han sido maravillosas! Con ellas quiero despedirme, recordándolas para dejarle, lector amigo, un buen sabor de boca, que es la verdad del *glamour*. ¿No le parece? En la vida, créame, no importan tanto ni las cosas, ni las personas, ni las propias vivencias. Lo que dejan detrás, eso sí es importante. La atmósfera, el recuerdo de un amor (como decía Amanda Bustamante, mi personaje de ficción más logrado), el recuerdo de una vida o de una fiesta es lo que realmente perdura. Lo que en el fondo existe.

Recuerdo cómo me enamoré de Rubén. Fue en una fiesta, desde luego, aunque quizá la fiesta definitiva de una vida, como la mía, marcada por una sucesión infinita de fiestas. Vivía en Santiago de Compostela, mi puerta a España. Acepté en Hispanoamérica escribir una telenovela para una productora española y aterricé aquí. Me alojaron en un apartamento de lujo en la calle más céntrica. Durante mi estancia en Santiago nunca dejó de llover, y yo había llegado muy bronceado de mis entrenamientos de natación en Caracas. Me despertaba con la lluvia del día anterior y pensaba: «Soy Noé buscando el sitio donde reiniciar la vida.» Ya lo ve, ha sido cierto.

Pero me consumía. El Viernes Santo de ese año, 92, descubrí que Santiago no es tan proclive a la gran celebración como yo esperaba. Sin nadie que me llamara decidí bajar a la calle mojada, una vez más. El ascensor se desplomó. Cinco pisos para abajo. Cerré los ojos y pulsé la alarma. Nadie respondía. Un Viernes Santo en Santiago no hay socorro posible. Coño, qué forma tan horrible de morir —pensé—, solo, aburrido, encerrado en un ascensor destrozado. Con las fuerzas de una Scarlet O'Hara abrí las puertas de ese ascensor y vi la pared y un trozo de piso superior. Tan Poe, ¿no le parece? Ese cuento de mi precoz infancia sobre el hombre que entabicaba a sus esposas. Puede creerlo o no —como el libro robado de Vreeland—, pero mantuve separadas las hojas de las puertas, ascendí el muro y me arrastré por la rendija hasta sentir el aceite dejado por los coches en el garaje al que accedí. Y sin nadie a quien contar lo sucedido. Era lo más bajo de lo más bajo. «Daré una fiesta», sentencié. ¿Sin conocer a nadie? Sí, como los *happenings* de los años setenta; como esa escena de *Cowboy de medianoche* en la que John Voight y Dustin Hoffman reciben una invitación en plena calle y acuden a un *party hippy,* marijuanero y semiorgiástico.

Salí a la calle y empecé a invitar. Santiago es una ciudad universitaria bajo la lluvia, pero más gallega que nada. No lo creerá, pero prácticamente todos mis invitados desconocidos hacían la misma pregunta: «¿Quién irá?» Llegada la noche, con *foies* de todo tipo, bebidas y patatillas compradas en un desaparecido Simago (era un recién llegado, entiéndame), me sobrevino la angustia de volver a estar solo. La primera en llegar fue una pelirroja escocesa. Los extranjeros siempre nos atraemos. Oh, dios, es tan terrible serlo. Por eso entiendo a todas esas luminarias de la cinematografía europea que se resistieron a Hollywood. Tan horroroso resulta formar parte de un gueto. Todos los domingos comiendo las recetas de tu país, para no olvidarlo, para no perder aquello que tuviste allí. Billy Wilder, en ese gran libro titulado *Nadie es perfecto,* cuenta cómo Marlene Dietrich preparaba todo tipo de tortas, rellenos, platillos alemanes a los teutones de Los Ángeles, Fritz Lang y Brecht entre ellos. En esa compañía, sin duda, un exilio es una fiesta. Pero de cualquier otra manera, creáme, hay que organizar fiestas, aunque sea lo último que hagas en tu vida.

La escocesa devoraba champaña como si fuera malta. Estaba furioso y, zas, esa magia de las fiestas. La casa empezó a llenarse de gente. Deambulaba entre ellos con cara de invitado y no dejaba de preguntarme el porqué. «¿De quién es esta casa, tío? ¡Debe de estar forrado! ¡Qué mal gusto para decorar!», me decían mientras me pasaban los porros, el whisky, los cubatas. La primera vez que oí esa palabra, cuba libre, pensé que era otro producto del felipismo. Era de lo más socialista-obrero-español llamar así a las bebidas. Ahora, creo, se lleva más lo de «combinado», sin duda, provinciano a morir. Bien. Seguía entre los invitados. «Un mal gusto horrible». Lo peor de ser invisible es escuchar la verdad, incluso si no te pertenece..., porque la decoración no era mía, yo sólo vivía allí. Aun así, me sentía ofendido. Y al mismo tiempo, claro, te creces. No podía ser sólo un anfitrión en esa fiesta, debía conseguir amigos, personas que me rescataran de la lluvia, la semana santa, el primer peldaño de mi vida en la Madre Patria.

Observé a un grupito que, en la cocina, se reía más que los otros. Me sonrieron y fui hacia ellos. Juani, Óscar y Georgette, que en realidad se llama Jorge, aparecieron en mi vida. Preparaban un porro mientras criticaban a la escocesa que se «bebe todo el *champagne*». Confesé que era mío y me abrazaron. «Boris, la música es horrenda, tienes que hacer algo», dijeron.

No tenía nada. Regresaba a la cocina, cuando vi... una luz diferente en una esquina del pasillo. Me permito divagar rápido sobre la afición de los arquitectos españoles por los pasillos largos. ¿De dónde salió esa idea? Las habitaciones se suceden a lo largo de él y son incomodísimos de recorrer y de decorar. Creía que era idiosincrasia celta hasta que viví en Barcelona y vi pisos con el lavabo en una habitación y el váter en otra. ¡Esa luz al final del pasillo!, como el título de una telenovela, resultaba tan atractiva, tan viva. Cuando llegué al final y me volví..., vi a un hombre sonriente, ataviado con una sahariana con gotas de lluvia bailoteando. El cabello mojado sólo en las puntas. Un sombrero inglés, esos que a todos nos quedan ridículos menos a una persona. A él. Bajé los ojos y su calzado, botines de lona impermeable, me estremecieron. Por primera vez encontraba un hombre perfectamente calzado para su clima. No eran de cuero, no eran de invierno. Eran de primavera total para la lluvia, para el sol, para las últimas nieves. Y también para ese frío que te recorre una sola vez en la vida al descubrirte enamorado.

—Rubén ha traído música —dijo Georgette.

—A lo mejor no es de su gusto —habló Rubén, por primera vez, sosteniendo su sonrisa, con los ojos verdes y grises mirándome como lo hacen hoy.

—Por Dios —dije, siempre melodramático—. No puedo soportar una canción más de Héroes del Silencio.

—Dentro de unos años los recordaremos con cariño —añadió Rubén.

Fue hasta la cadena e introdujo su cinta. «¿Dónde está nuestro error sin solución?», cantaron, desde entonces, Berlanga y Olvido. La fiesta se animó. La escocesa dejó de beber el *champagne* y gorgoreó algunas estrofas. Rubén cantaba y continuaba mirándome. Los desconocidos, mis invitados, repetían el estribillo eufóricos. Yo sí sabía dónde estaba mi amor sin solución.

Pero déjeme saltar al pasado. Mi primera fiesta importante fue a los diez años. Ya sabe que he sido muy precoz en todo. En descubrir el sexo. En ver *Repulsión* de Polanski, que lo hice a los nueve años escapándome de casa para regresar con los ojos tan abiertos que me vi obligado a reconocer que la había visto. Recuerde que tenía dos casas en mi infancia. Una, la familiar. Y otra, la Cinemateca Nacional de Venezuela, de la que mi padre era director. Cuando cobré conciencia de mi *status* como hijo del director no existieron barreras que impidieran ver lo que quería. Tomaba el bus de Carmelitas-Petare, que recorría Caracas de punta a punta, y llegaba a la Cinemateca en veinte minutos, siempre justo antes de que se apagaran las luces de la sala. Los porteros me cedían el paso y seguramente se reirían a mis espaldas por mi andar desde siempre muy mariquita. Vi de todo. *Ciudadano Kane* y *Camille,* de la Garbo; *Help,* de los Beatles; *Manzanita,* de un realizador chino que olvidé; *Una día, un gato,* tan checa y tan llena de esperanza socialista; *Chinatown,* incestuosa, rara, perturbadora. Iba a la función de los niños los domingos por la mañana, pero también a la de adultos por la tarde. Y era feliz. Más que un recreo o un *playground,* como dicen los ingleses, la Cinemateca era para mí el permanente escenario de mis fiestas más privadas.

Permítame llevarle a esa sala, que en realidad es un auditorio de la Galería Nacional de Caracas. Sus paredes estaban cubiertas con lajas de madera, muy finitas, alineadas perfectamente, tan sesenta. Fuera, más allá de sus pesadas puertas de acero y madera, reposaban las piedras con grafismos aborígenes que el Estado venezolano encontró en la Guayana. Son como nuestra Cueva de Altamira particular. Con los años, viéndolas bajo el sol o peligrosamente cubiertas de vasos en los cócteles de la Galería, llegué a sospechar que los dibujos no fueran precolombinos. Más de una vez pensé que mi padre o los sucesivos directores de la Galería los pintaban entre fiesta y fiesta. Le diría más: iban modificándolos. Recuerdo uno de un indio con una especie de arma guerrera que cambiaba de roca. Sí, seguramente lo iban pintando en las que les apetecía. Mi padre, por supuesto, ha negado esta aberración. «Boris, es nuestro patrimonio nacional. Nuestra identidad.» Pero créame más que a él. Se pasaban la vida inventándose «reliquias» precolombinas.

A veces se iba el aire acondicionado de la sala y los técnicos llamaban a mi casa y pedían a mi padre que fuera, como si aparte de director también fuera el arquitecto y el jefe de máquinas. Íbamos, a veces en pijama, y me parecía lo más fascinante del mundo. Mi padre subía al cuarto de máquinas y yo me quedaba con Almella, el proyeccionista, que era un hombre extraordinario. Cuando Rodolfo —mi padre— y yo vimos *Cinema Paradiso,* lloramos porque nos lo recordaba mucho. Siempre miraba la lata de alguna película, la pesaba y nos decía: «Ésta es buena. Las buenas son con las que se llora, porque ¿para qué se viene al cine sino a llorar un buen rato?». Él tenía listo mi taburete y allí me sentaba a ver *Al este del Edén.*

La Cinemateca Nacional de Venezuela fue una idea de Margot Benacerraf, una cineasta que ganó en Cannes un premio con *Araya,* un filme sobre la dura y bellamente cinematográfica vida en esta isla salina de Venezuela. Decidida a filmar *La Cándida Erendira,* el cuento de García Márquez, Benacerraf dejó a mi padre la dirección de esta institución y él la sobrellevó durante mis primeros veinticinco años. En un principio se trataba de una entidad donde se conservaría el cine venezolano, pero atravesó, a Dios gracias, una etapa de arte y ensayo, sobre todo mucho ensayo, que me nutrió a más no poder. Fui ratón de cinemateca más que de biblioteca, que es lo que corresponde a un autor de mi edad, porque el cine me ha dado lo mejor de la narrativa: diálogos e imagenes.

A lo que iba y vuelvo al asunto de mi primera fiesta importante. Mi familia tenía un *status* en el que las fiestas estaban aseguradas. No me malinterprete, mis padres no son tan sociales ni tan animales de frivolidad como yo. Eran esa pareja joven y guapa que aportaba *glamour* a donde fueran. Con el cargo de director de la Cinemateca y un hijo tan desmelenado, era una familia todavía más invitable. Siempre he considerado muy saludable que me llevaran. Incluso cuando recibían en casa —que era todo muy *buffet,* servilleta en las rodillas y plato encima—, me dejaban estar y mirar. Luego intentaban acostarme y yo montaba un número. «No me escondan, no me escondan», gritaba, como si fueran unos secuestradores, y me devolvían a la fiesta hasta que me quedaba rendido. Poco a poco fui entendiendo que una fiesta es siempre un universo, y que existen muchos por conocer, pero que la lucha para conseguirlos es férrea y arriesgada, aunque no existe mejor aventura en la vida que disfrutar y hacer disfrutar.

Para la generación de mis padres había un templo social: la casa de Miguel Otero Silva, escritor, millonario, director y editor de *El Nacional,* el periódico más importante, progre y literario del país. Su esposa, María Teresa Castillo, entretenía a lo mejor de la ciudad y otorgaba a Caracas un punto chic de letras y sociedad que siempre deslumbra más que un gran vestido o un insuperable maquillaje. Mis padres acudían a esas fiestas porque Rodolfo escribía en *El Nacional* una columna de crítica cinematográfica. Una tarde fuimos al cumpleaños de la nieta de Miguel Otero, María Belén, que estudiaba en mi colegio. Mi primera gran fiesta. Nuestros cumpleaños siempre eran excusas para que nuestros padres organizaran una fiesta muy larga, muy alcohólica. Siempre para ellos.

Bueno, los míos —mientras fueron macrobioticos— se alejaron de esta clave grupal. El cumple de María Belén significaba para mí la oportunidad de franquer las puertas de esa casa, «Macondo» (en homenaje a García Márquez, frecuente huésped de ella), con mi propia invitación como Boris Izaguirre, no como el hijo de Rodolfo y Belén. Tenía diez años, y ay, vida mía, ya sabía perfectamente que en esa fiesta cambiarían mi *glamour* y mi identidad.

«Macondo», ya le he dicho, es una casa mítica en Caracas. Entras por una gran escalera y ves los picassos y los guayasamines. Como éramos amigos de María Belén entrábamos por la puerta de atrás, una calle más arriba, una manzana en realidad. Era una de las primeras puertas de garaje eléctricas que veía y nunca ha dejado de sorprenderme que se levanten solas. Aparcaba el coche Mariana, la hija única del escritor y madre de María Belén, y veías, así de soslayo, la piscina de la casa, coronada por un extenso «penetrable» de Jesús Soto, artista cinético venezolano. ¡Eso, sinceramente, es *glamour* tropical! La piscina, con su azul clorificado y una de las mejores obras del arte cinético, flotando a su vereda. Delante, como vigilando el movimiento del agua, estaba el Balzac de Rodin, sí, no le exagero. Hoy adorna una de las esquinas del Ateneo de Caracas. Un Rodin, de casi tres metros, no una esculturita en el jardín de tu casa. Así es la vida.

En esta fiesta se requería bañador y yo..., triste verdad de los que no son invitados de verdad, lo olvidé. Tuve, y creo que allí se gestó para siempre un hábito, mejor que nadar en ropa interior. Como me parecieron el colmo de la vulgaridad unos calzoncillos mojados, me los quité y entretuve y asombré, ya lo sabe, a los presentes con mis cabriolas acuáticas en bolas.

Mariana, y sus amigas Miyo y Mary —escritoras ambas que más de una vez fueron mis madres momentáneas y que me hicieron comer carne a pesar de las prohibiciones de mi familia macrobiótica— prefirieron que yo dejara el ballet acuático nudista para otra edad. Y me obligaron a vestirme. No pudieron escoger mejor sitio para ello que las habitaciones de María Teresa, le reitero, la dueña de casa. Fue la primera vez que vi un vestidor con espejos de cuerpo entero y ese tipo de armario donde todo tiene un sitio y un orden estupendo. ¡Puede creer que cumpliré treinta y cinco años y aún no he conseguido en mi vida ese tipo de habitación! La considero el colmo de la sofisticación, porque incluye todas las cosas que me gustan: espacio, orden, nitidez, abundancia de ropa y espejos donde te puedas ver exactamente como te verán los demás. Tengo camerino, pero no vestidor y esto me deprime. El de María Teresa tenía, además, un pasillo largo con ventanas que daban al jardín, donde percibías el Rodin omnipresente y la acción de la propia fiesta.

Desde ese ventanal vi a Miguel Otero Silva por primera vez. Entiéndame. Este hombre suponía un mito literario de mi país. En ese momento, hacia finales de los setenta, era un hombre con la elegancia, la parsimonia y casi el mismo peso que Orson Welles. Una voz muy grave. Una risa poderosa. Dientes estupendos y unos ojos fascinados por todo lo que se moviera. «El hijo de Belén y Rodolfo. No se sabe a cuál de los dos se parece más», fue su comentario al verme, y yo quise creer que se refería a mi afeminamiento. Era un hombre agudo, a veces casi cruel. Como buen escritor, desnudaba a la gente sin mirarla. Y eso hizo conmigo.

Mientras continuaba poniéndome la ropa en el vestidor ajeno, que es un poco el resumen de mi vida, observé cómo Miguel Otero soportaba la conversación un tanto alterada de uno de los invitados. Digo soportaba, porque dicho invitado se agitaba, movía mucho la boca, disparaba los dientes y los labios, mientras que Miguel Otero colocaba su mirada en el Rodin e impedía a cualquier músculo de su cara moverse. Salí del vestidor. Miyo (descansa en paz, bella) le explicó al escritor quién era yo. «¿Por qué no estás con el resto de los niños?», me preguntó. «Porque los niños no me gustan», le dije, y profirió la carcajada. «Me gusta mucho el vestidor de María Teresa». Y de pronto me miró como si fuera un ser rarísimo o como si se compadeciera de mis padres.

Entonces, el invitado inquieto, el que discutía antes, abofeteó a una mujer que estaba sentada con ellos. Un golpe fortísimo, sobre todo por lo inesperado. Miguel Otero se levantó de inmediato y llamó maricón al hombre. A lo lejos, desde el bungalow que era la casa independiente de Mariana, la hija y anfitriona, vi que ella y sus invitados se acercaban. Iban vestidos con ese *look* definido por mi padre como «*hippy-chic,* blusitas de mercado a precios de Rodin». En un abrir y cerrar de ojos, el hombre se abalanzó sobre el cristal de la mesa donde estábamos. No sé cómo describirlo: como si un meteorito diera de lleno contra aquel mobiliario de jardín. Y así fue. Cruzó el cristal, que era bueno y grueso —con ese verde que ahora sólo lo tienen las gafas de personas con cataratas muy graves— y siguió arrastrándose hasta los pies del Rodin. Allí se volvió y vimos cómo la cara, las manos y un trozo del pecho le sangraban profusamente. La mujer lloraba y balbuceaba su nombre, mientras Miguel Otero le decía a su hija que metiera a los niños en el bungalow.

Instintivamente me puse al lado de Otero, como si fuera un adulto, un ángel guardián, un estupendo compañero de fiesta.

—Hijo de puta —le oí decir—. Si mi mujer estuviera en casa ahora, no te dejaría hacer esta vaina (mierda, cosa, estropicio...; comodín muy caraqueño que siempre ha gozado de enorme profusión. Los colombianos lo emplean mucho y cualquier español que haya estado expuesto, más de una hora, a una conversación con miembros del exilio venezolano).

Me encantó, en ese instante y hoy al escribirlo, ese gesto de amor hacia María Teresa, su esposa, ausentada por no sé qué motivo. Avanzó hacia el herido con su paso decidido y riguroso. El invitado empezó a correr saltando, aullando, poseso y ensangrentado. Se detuvo con horror ante la piscina y fue hacia el «penetrable», que empezaba en una de las esquinas, y se subió a él, manchando de rojo las varas blancas y amarillas del Soto. Entendí que Miguel Otero echara en falta a su esposa: una dueña de casa jamás permitiría que un loco le ensuciara sus esculturas.

—Maricón, deja la vaina de una buena vez.

—Quiero matarme. Quiero matarlos a todos. Quiero que mueran todos los pendejos de una buena vez... —gritó el hombre. Su amiga, la mujer abofeteada que no paraba de llorar, acurrucada en una esquina de la terraza, rodeada de trozos de cristal, intervino:

—Por favor, no me hagas esto. No me hagas esto hoy...

Y yo pensé: «Coño, no es a ella a quien agreden, es al propio Miguel Otero y a su Rodin, y a su Soto, y a la fiesta de su nieta». Me pareció una falta de educación tan terrible, que en ese instante adquirí noción de mis derechos y deberes como invitado.

—Miguel Otero —le dije muy serio—. Lo siento tanto.

Él me volvió a mirar atónito. Llamó a su hija:

—Mariana, mete al hijo de los Izaguirre en tu casa ahora mismo.

No rechisté. Estaba horrorizado ante unos invitados así. Pero yo quería seguir ahí para colaborar de manera silenciosa, y al mismo tiempo continuar siendo parte de la acción. Es lo que más me gusta de las fiestas: así como a Warhol le chiflaba ver a hombres y mujeres en los hoteles, yo adoro ver a la gente en las fiestas. No formar parte del conjunto, sino configurar su crónica desde el mismo centro de la acción.

Desde el bungalow de Mariana, con todos sus grandes ventanales, podíamos asistir al espectáculo. El hombre, al ver a Miguel Otero acercarse amenazante, se tiró a la piscina y de allí corrió hacia donde estábamos nosotros. El agua quedó enrojecida. De pronto, como el tipo picoteado por las gaviotas que se arroja contra la cabina de teléfonos donde se refugia Tippi Hedren en *Los pájaros*, este enloquecido invitado aplastó su cuerpo húmedo, de cloro y sangre, exactamente contra el cristal desde donde yo miraba. No grité, pero me resistí al abrazo de Miyo que intentaba alejarme de allí. Me deshice de ella y volví hacia el ventanal. El hombre iba ahora de vuelta al sitio de la mesa. Tomó un trozo grande de cristal y se lo llevó hacia una de las muñecas.

—Coño, María Teresa, ¿por qué escogiste este día para salir? —gritó Miguel Otero, siempre detrás de su invitado.

—No me mates, por favor, no me mates ahora —gritó la compañera.

Los niños de la fiesta lloraban en el bungalow. María Belén había sido prácticamente encerrada en la habitación de su madre para que su frustración ante el desastre de su fiesta no terminara de enturbiar más las cosas. Miyo me cogió y me volvió hacia ella. Era una mujer con un carácter muy especial; poeta, a pesar de que su fama y popularidad provenían del periodismo. Maruja Torres me la recuerda muchísimo.

—Boris, mírame bien a la cara.

—Sí, Miyo, te estoy mirando. Y sé lo que vas a decirme.

—Dímelo.

—Que no le cuente nada de esto a mi madre, porque jamás me dejará que vuelva a salir contigo.

—Exacto. Eres una vaina, carajito. No me hagas una vaina con tus padres. No les digas nunca nada de esto.

—Aunque si hay un muerto —le indiqué—, saldrá en los periódicos. Sobre todo, en esta casa, que son dueños de *El Nacional*.

—Coño, carajito, y lo peor es que yo estoy de guardia en el periódico. Eso tampoco se lo digas a nadie, porque está claro que yo no debería estar aquí.

Escuchamos un grito desgarrador y todos fuimos hacia el ventanal. El hombre se había cortado las venas con uno de los trozos y daba saltos en la terraza, la mujer gritaba sin parar y Miguel Otero la alcanzaba para tranquilizarla.

—Chico, mátate en tu casa, por favor —le gritó Miguel Otero. El hombre corrió hacia una de las esquinas de la terraza, donde se encontraba la puerta que comunicaba con el resto de la casa. Se detuvo un momento y tocándose la herida escribió con su propia sangre algo en la pared. Miguel Otero quiso atraparlo, pero el invitado se escabulló y se metió en la casa. ¡En dirección al vestidor de María Teresa!

—Dios mío, mi madre se divorcia después de esto —dijo Mariana que sabía lo importantes que eran para su madre las estatuas de su jardín.

— ¿Y dónde coño está? —preguntó Miyo.

—Inaugurando ateneos por el país —respondió Mariana. Y ahí entendí también lo difícil que era hacer cultura en un país del tercer mundo.

La compañera lloriqueante golpeó la puerta del bungalow y Mariana y las otras le abrieron.

—Pero, chica, ¿cómo puedes salir con ese loco? —le espetó Miyo, que era una mujer, ya le he dicho, inteligente, directa, sin remilgos.

—Es que le dan esos ataques de repente. Miguel Otero le dijo que los poetas venezolanos eran todos unos borrachos y se puso así.

—Generalizar nunca es bueno —le juro que escuché decir a alguien.

Entonces apareció el propio Miguel Otero en el bungalow.

—Hay que llamar a la policía. Está en la casa rompiendo cosas.

—¿Cómo se lo vamos a explicar a mamá? —dijo Mariana.

—Si baja al primer piso y rompe los jarrones, estamos jodidos, hija mía.

Los adultos se fueron a una habitación a hacer las llamadas pertinentes. Yo descubrí otra donde había un teléfono auxiliar. No pude evitarlo y levanté el auricular. Estaban hablando con uno de los psicólogos más eminentes de la ciudad. Sólo él podía calmar el ataque del invitado, si no se desangraba antes. Salí al salón y ellos también. Hablaban entre sí y se dividían zonas de la casa para interceptar al hombre.

Miguel Otero se dirigió a los niños.

—Carajitos, van a venir unos médicos en una ambulancia. Tienen que portarse como unos hombres y mujeres de verdad. Quédense aquí, quietos, con vuestros juegos. Sin ver televisión, que están esas telenovelas absurdas.

—Bueno, con lo que está pasando, no sé qué decirte —intervino Miyo.

—Deja la vaina, Miyo, que se muere un Kennedy esta tarde y no hay nadie en el periódico para cubrirlo. Se quedan aquí, quietos —concluyó Miguel Otero y me miró—. Y tú, ni se te ocurra llamar a tu papá, que luego se lo dice a tu tío, el del Opus, y no quiero líos con los curas, que ya me joden bastante porque en el periódico no tenemos páginas de religión. Ni que fuera el *ABC* de Madrid.

Como le dije antes, no me gustaba jugar con los niños. Me atormentaba demasiado no poder hablarles de Polanski. Ser niño precoz es horrible, Dios mío. Nunca dejo de agradecerle a Diana Vreeland, a Jackie Kennedy, a la Preysler y a Farah Diba que me hayan desviado de esa tendencia tan triste y fundamentalista de creerme diferente porque leía a Shakespeare y a Cervantes. Si lo hice a los seis años, qué craso error, porque cuando los leo ahora, de verdad los entiendo. Antes, me imponía sobre ellos, los avasallaba. No podía dejarme invadir, que es lo único que debemos hacer ante la cultura, los clásicos. El amor y todo lo demás.

Pues, eso, mi precocidad era un lastre, un coñazo. Y me aparté de los niños. Como no podía encender la televisión, porque no iba a llevar yo la carga de hacerlo, miraba por el ventanal. Salí al jardín, la piscina continuaba enrojecida. Mis calzoncillos, que se habían quedado allí para secarse, estaban manchados de sangre. Eso me espantó. Eran mis primeros calzoncillos a la moda: un poco *slip*, un poco tanga, alto de talle y con las piernas bastante abiertas. Destruidos por culpa de un invitado psicótico. Todavía hoy tengo que tragar fuerte para contener la furia que sentí.

Fui hacia la terraza, los vidrios continuaban esparcidos. Me acerqué a la pared, ansioso de saber qué había escrito el cuasi-suicida. «Maten a los ricos». ¿Lo puede creer? Ya sabía todo lo del crimen Manson, le advierto, porque involucraba a la pobre Sharon Tate, la esposa de mi admirado Polanski. Y, lejos de estremecerme, me divirtió este «momento Manson» en la casa del gran escritor venezolano. Escuché pasos y un ulular de ambulancias y de pronto... el hombre ensangrentado enfrente de mí, mirándome con odio.

—Está arriba, Mariana, le he visto subir —gritaba Miguel Otero.

El loco me levantó del suelo con esa fuerza de los enfermos que, ya sabe, es increíble. Sentía cómo me crujían las costillas. Miyo fue la primera en encontrarnos y soltó un sonoro coño, y yo, melodramático hasta la médula, dije:

—No te preocupes, Miyo, no le diré nada a mi papá.

Creo que Miyo lloró. Todo el mundo se angustió. Miguel Otero, fatigado, sudoroso, con poca respiración, llegó hasta nosotros franqueado por una enfermera impenetrable y un hombre con toda la apariencia de psiquiatra.

—Es el hijo de los Izaguirre, Edmundo —dijo Miguel Otero.

—Vamos a ahogarnos juntos en la piscina —me susurró el loco. Yo preferí mantenerme en silencio: no me gusta romper el clima de las cosas y aquí era imposible mantener un buen diálogo. «Si no tienes algo bueno que decir, mejor cállate» es una de las grandes lecciones de los comunicadores. Desde entonces tengo un estupendo autodominio.

El psicólogo, que en su momento fue rector de la Universidad Central y candidato presidencial, se acercó aún más:

—Coño, chico, si sigues con estas vainas no te van a invitar a ninguna parte. Deja la vaina y quédate quieto.

Hubo un silencio maravilloso. Podías oír cada brizna de cesped y hasta al propio corazón de bronce del Rodin. El hombre me dejó en el suelo y me fui corriendo hacia el bungalow, porque creí que los adultos me lo agradecerían. Me volví en la puerta y vi cómo el invitado-tormento se arrodillaba y se consumía en gemidos. La enfermera le desnudó el brazo y le puso una inyección. Al cabo de unos minutos el tipo balbuceaba y Miguel Otero se secaba el sudor.

Mientras, yo estaba solo en el bungalow. Vencido el terror, los niños habían salido al jardín y regresado al lugar de la fiesta. Vi el teléfono y, escuchando mil voces en mi interior, fui hacia él.

—Papá, ha habido un loco en casa de los Otero Silva que ha escrito con su propia sangre: «Maten a los ricos» en las paredes. Miyo debería estar de guardia en el periódico, pero en cambio está aquí y me ha pedido que no te llame.

Y una mano, previsiblemente, cortó la comunicación. Era Miyo.

—No lo pude evitar —dije.

—¿Por qué?

—Porque de cualquier manera se iba a saber, Miyo. Y no puedo soportar que alguien lo cuente antes que yo.

¿Lo ve? De un golpe recibía mi bautismo en las vicisitudes de una fiesta agitada y descubría a la vez el poder fascinador del chisme.

«Fiesta sin chisme no es fiesta», mantenían unos amigos de mis padres. Después de ésta en «Macondo», Belén y Rodolfo redoblaron sus precauciones, sin éxito, porque ya estaba dentro de mí ese germen tan temible como el que te incita a comprar más y más ropa, o el que invade a la «loca» ejecutivo y lo somete a la adquisición de objetos de cristal de todo tipo (floreros, ceniceros, vasos, vasitos, vasones, *bowls* y *superbowls).* Desde ese instante en que Miyo me pilló traicionándola me convertí en un animal de frivolidad.

Mi tío Isaac fue mi segundo cómplice en el mundo de las fiestas adultas. A Isaac Chocron, uno de los más importantes dramaturgos de Sudamérica, lo llamamos tío porque es gran amigo de mi madre desde la infancia. Mucha gente dice que lo imito hablando. Y es cierto. Él tiene una especial manera de arrastrar las frases que yo he copiado vilmente. Soy, cómo no, camaleónico insigne. Nueva digresión, pero breve, lo juro. Si no fuera por el peso de mi acento, terminaría hablando como Terenci Moix en un plis plas, o moviendo los dedos como lo hace Sardá o bajando los ojos como Bosé. Eso, ya lo hago mucho, a medio camino de Bosé, Topo Giggio y Lana Turner. En el teléfono, me encanta cómo habla Preysler, susurrante, directa, femenina, sí, pero al mismo tiempo tajante. Siempre se despide con *«A big, big kiss»* o su *«bye, bye»*, que es laaarguísiiimo. *«Byyyyyeeee, byyyyyeeeee»,* y uno se derrite al otro lado. Todo eso lo copio, lo fusilo, como dicen en el argot periodístico. Creo que es otra regla esencial del *glamour.* ¿Hemos hablado de ello? Apoderarse de lo que parece necesario para lograr un estilo. Las grandes mujeres estilo lo han hecho, y continúan haciéndolo. Por ejemplo, Lauren Bacall era un estilo definitivo en el Hollywood dorado, influencia directa de Slim Keith, entonces esposa de Leyland Hayward, el super agente hollywoodiense. Todo lo que Bacall despliega en *The big sleep* es el manierismo de Slim Keith, una mujer que determinó el modo de ser de la americana de esa generación. Capote, que la adoraba y veneraba, la perdió para siempre como amiga cuando utilizó su voz y sus gestos en la construcción de uno de los personajes de su relato *Côte Basque, 1965.* Una gran dama acepta los halagos y llega, incluso, a hartarse de ellos; lo que no puede soportar es que se la imite, sin al menos mostrar el esfuerzo de agradecerlo.

Bien. Le hablaba de mi tío Isaac y de mi inclinación por imitarle. Empezó en mi infancia. Siempre que publicaba una novela o una de sus obras les regalaba a mis padres un ejemplar dedicado. «Bélen y Rodolfo, mis amigos, disfrútenla». Yo adoraba ese grupo de palabras, saber que ese libro era distinto de todos los demás. Le propuse que a mí también me dedicara uno, y así comenzó nuestra amistad. La primera vez que escuché *I will survive* fue en su piso del edificio Humboldt. En Caracas todo lo chic lleva por delante el nombre del biólogo que descubriría más cosas de nuestra identidad caribeña-amazónica que el propio Colón. Existe un hotel con su nombre, sobrevolando Caracas, que el dictador Pérez Jiménez ordenó construir como gran obra arquitectónica de su régimen, y está como maldito. Para llegar a él hay que hacerlo a través de un funicular. Y éste nunca ha funcionado bien. Dentro, al parecer, habitaba la mejor población de muebles y otros objetos decorativos de la década de los cincuenta. No volvamos a perdernos en recuerdos.

El piso de Isaac suponía uno de los puntos claves de la Caracas cultural. Él era el autor de moda entonces, y un clásico ahora. Cuando me vio junto a mis padres, me trató como si fuera uno más, y yo me puse a llamar la atención, rasgo este muy destacado dentro de los que conforman la enfermedad de la precocidad. Adoré la decoración: cuadros, esculturas, muebles de jardín sirviendo de comedor. Como una escenografía organizada, volátil pero viril. Pósters de sus obras de teatro, su nombre en todas partes, ese toque tan evidente de los que trabajan en o con la escena. Necesitamos vernos, tener alrededor eso que, como me gusta decirle ahora a mis amigos, «es lo único que poseo: el cariño del público». Al fondo, había una habitación de donde provenía todo tipo de música. Fui, siempre atraído, siempre arrastrado, y me encontré con una media docena de chicos, todos jóvenes, riéndose y bailando con desgana unas melodías que de seguro eran Gainsbuorg y Santana, todo mezclado. De pronto, alguien habló de una canción que «sonaba mucho en Nueva York» (una ciudad que siempre relucía en las fiestas y en las conversaciones de Isaac) y empezó esa especie de rezo lento, largo, retórico que es la canción de la Gaynor y que esos jóvenes parecían entender como si la estuvieran viviendo. Me emocionó tanto que asumí, así sin más, con la intuición de mi precocidad, que se trataba de un himno. La canción fue agitándose y agitándose mientras los seis jóvenes se entusiasmaban y giraban sobre sí. Había un olor químico en el aire, *poppers* y todo eso, supermoderno, porque ésa fue la primera generación que probaba el nitrito como estimulante para baile. Le ardieron los ojos a ese niño que nunca volveré a ser. Me sentía como en medio de una de esas manifestaciones estudiantiles con bombas lacrimógenas. Uno de ellos me miró y se asustó un poco con esa cara de «hay niños» que yo estaba tan acostumbrado a ver. Se sobrepuso, vino hacia mí y me colocó en medio de la pista improvisada. Los demás empezaron a batir palmas, siguiendo ese ritmo complicado, mántrico, tan cargado de la canción. Supe que no podía defraudar, que era una iniciación de la que jamás retrocedería, un círculo del que nunca más saldría. El círculo de la fiesta, del baile, del ritmo trepidante. Y bailé, siguiendo de reojo los pasos de uno de ellos y mirando, enamoradísimo, al chico que me había colocado en el centro de ese círculo tribal. Era Luis, el novio de mi tío Isaac, el amor de su vida, bello como nadie, divertido, vivo, espíritu *glamour* en la Caracas que todos perdimos. Cada vez que oigo *I will survive,* pienso en ese segundo: cuando dejé de ser precoz y decidí ser bello. Nunca sabré si lo he logrado, pero fue una decisión sana, porque mi precocidad me hubiera llevado a ser sólo un monstruo de feria que repite nombres y habla de Brecht y de Beckett como si fuera un examen para dramaturgos. Después de bailar huí de ese destino y entendí que la auténtica libertad es el presente; que la auténtica libertad son los guiños que lo contemporáneo te hace.

Una fiesta es un cúmulo de esos guiños, y por eso me gustan tanto. En el libro de la Vreeland, ella dice que podría recordar los eventos importantes de su vida por los trajes que ha vestido. ¡Maravilloso! Yo puedo hacer lo mismo por las fiestas.

Cuando cumplí catorce años ingresé en un instituto, dejando atrás la educación muy privada y tutelada del colegio izquierdoso donde mis padres me inscribieron. Fue un paso enorme en la búsqueda de mi intelectualidad y de mi propia gramática del *glamour.* Se llama Instituto Fernando de Peñalver, y le prometo que nunca supe quién era tan augusto señor. Me atrajo ver a todo un grupo de chicos uniformados en amarillo y marrón (los colores del plátano maduro), con aspecto de trabajar en una obra cercana. *Sexy,* el encuentro del niño prodigio con Esparta y demás. Me miraban mal, por mi aspecto pijo y mi pluma: esa combinación fatal que sólo funciona en salones de matronas. Pero ésos aún estaban por llegar. Fui, decidido, hacia la sala de micros, por donde nos decían la hora de recreo o ponían el himno nacional, que por decreto debíamos escuchar y medio cantar tres veces al día. Llevaba mi cassette de *Saturday night fever* y lo coloqué en la megafonía. ¡Nada me detiene ante un buen *show!* Y salí al balconcito frente al patio central y bailé *All of a woman,* tan divinamente. Es uno de los grandes triunfos de mi vida. De inmediato instaló mi nombre en todos los labios. De la directiva, del plantel académico y de los alumnos. Reconocido dejaría de ser tan extraño, tan *ave raris* para convertirme en el curioso, el insólito, el valiente, el polémico.

Mis compañeros de aula pertenecían a familias trabajadoras. Algunos de ellos vivían en barrios de chabolas, a los que por cortesía no fui. Nunca me invitaron y yo jamás insistí. No me parece que la pobreza sea una atracción turística, ni tampoco sociológica. No creo en el fenómeno de estudiarla y tampoco la niego. Sencillamente no quiero estorbar, no quiero parecer un husmeador de diferencias. Pero mi amiga Adela, muy guapa, muy mulata, cabello rizado, caderas, labios prominentes, vino hacia mí en la clase de «Moral y Cívica» (mi favorita por lo inútil e hipócrita) y me invitó a su cumpleaños.

—Es una *matiné* —me dijo.

—¿Qué película pondrás? —pregunté. *Matiné* era para mí la función de la mañana.

—Qué raro eres. Una *matiné* es una pachanga a las dos de la tarde.

—Vaya. ¿Y cómo se llama cuando empieza a las seis?

—Rumba. A partir de las ocho, bonche. Y para ya, porque eres muy menor.

Mi primera *matiné* sucedió en Chapellin, uno de los barrios marginales de Caracas con más solera. Está enmarcado entre dos urbanizaciones, como se les define allí a los barrios residenciales de alto nivel: la Florida y el Country. Ya sabe, esa inclinación de Latinoamérica por los contrastes. Me excitaba tanto ver cómo el taxi se detenía en las puertas del barrio y me decía que no continuaba. Porque, claro, acudí en taxi. El hombre me miró de arriba abajo, con mis pantalones blancos ceñidos, mi camisa de *bowling* también blanca y un poco satinada, con una inmensa palmera verde y amarilla detrás y unas letras rojas que no recuerdo bien. «Chamo, aprieta el culito», me dijo. Y yo lo apreté. Tenía esa seguridad de la loca atrevida que en realidad sabe que perder el culo no es tan mala idea. Avancé por los primeros metros de Chapellin y me emocioné como si volviera a bailar con Luis en casa del tío Isaac. Hay una cierta protección en los recuerdos, ¿no cree? Seguí mi paso decidido, preocupado porque no deseaba consultar el papelito con la dirección, para no llamar más la atención. Vi la iglesia con la puerta cubierta de estampitas y flores de todos colores. Coches de otra época y, de nuevo, esos hombres fibrosos, morenos, con ojos cargados de peligros.

—¿Vas a la fiesta de Adela? —me dijo uno de ellos.

Asentí, evitando una sonrisa educada para no resultar afeminado.

—Te llamas Boris, ¿no? —continuó—. ¿Por qué te pones esas camisas de *jeva* (chorvi o parienta según argot caraqueño)?

—Porque están de moda —respondí.

Hizo un ademán para que le siguiera y, como generalmente pasaba cuando caminaba en un espacio abierto, empezaron los silbidos y los gritos de maricón. Y como siempre, me preocupaba más por quien se atrevía a acompañarme que por mí.

—Es el novio de mi hermana Adela —dijo él. Y entonces expuse mi sonrisa educada. Cuando Adela, vestida con una blusa estampada y atada al ombligo, nos recibió bailando a los Jackson Five, puso una cara descompuesta: se había dicho en el barrio que yo era su novio.

—No le hagas caso —dijo él—. Lo mejor habría sido decir que eras mi novio.

Jackson Five dio paso a la Fania All Star, que era el no va más de esas *matinés,* sobre todo desde que un venezolano, Óscar de León, formaba parte de la mítica agrupación salsera. Ay, nunca me ha gustado la salsa. Me parece complicadísima de bailar, porque crees que puedes dejarte llevar por la música, por su espíritu *jam,* y resulta que no, que hay que bailarla con el respeto de los clásicos.

—Pero, chico, si es una vaina desmadrada —dije al hermano de Adela.

De nuevo me tomó, pero esta vez de la cintura.

—Vas a aprender esta vaina de una buena vez —afirmó.

Entonces se creó un silencio, un estupor y una Adela que se fue hasta su habitación, en la casa vecina, y cerró la puerta de golpe. Su hermano me decía con los labios en mis oídos: «Aprieta y mueve, a la derecha, adelante, a la izquierda, atrás, pégate otra vez». Y yo seguía, guiri absoluto, mirando nuestros pies. «Levanta la cara, mírame a los ojos.» Y lo hice y vi la cama, la mesita de noche, el aceite Johnson, el sudor y su lengua descubriéndome otro final feliz para mi precocidad. Sin embargo, volví al disco con ahínco. En realidad me aterraba caer en las redes del malandro caraqueño, que el hermano de Adela personificaba a la perfección. Son como Dinio, el último novio de Marujita Díaz, y el más temible enemigo que Lecquio puede tener en nuestra Península *playboy.* Porque ese *sexy* es muy difícil de evitar, te invade como un olor y te domina.

La música siempre vino a salvarme. Y me ofreció toda una suerte de «escapadas», que no «fiestas», la mayoría de las veces en discotecas de categoría B, donde me colaba cuando podía. Iba con un grupo de amiguitos, todos *gays.* Nos divertía mariconear, contonearnos, vestirnos de satén. Mi padre me veía bajar por las escaleras y me decía:

«Ya no te gusta Polanski.» Pero no era cierto. Nunca lo ha sido. Moda tras moda he vuelto a él y a mis otros clásicos.

Y entonces, en los ochenta, empecé a dar mis propias fiestas. Quiero decirle que desde niño ya las hacía: ponía música de Simon y Garfunkel y me vestía para la ocasión. Pero a mi regreso de Estados Unidos, con mi *cipol* (DNI laboral) de «dialoguista», me parecía absolutamente necesario «entretener» como decía literalmente del inglés. Fueron unas fiestas que constituyeron un grupo social, «Caracas Mortal», muy influidos por la publicación *Madrid me mata,* que por una razón hasta hoy misteriosa leíamos en Caracas. Edgar Carrasco, un activista *gay* reconocido, prestaba su piso y su teléfono para las convocatorias. Eran unas listas completamente locas. Poníamos el nombre de mis padres, de Isaac, pero también el de Uslar Pietri y Jacqueline Onassis. También estaban, por supuesto, en esas listas nuestros nombres junto a los de amigos que hacíamos en la Universidad, en la calle o en los bares *gays.* Recuerdo uno muy especial, Las Caipirinhas, en la Avenida Libertador, donde se reunían forofos del fútbol brasileño, travestis, prostitutas y nosotros. El fotógrafo Fran Beaufrand, Ángel Sánchez, diseñador de modas nacional, y yo nos turnábamos con los travestis y les aconsejábamos sobre sus vestuarios. Hasta que ellas nos explicaban, superamables, que las vestíamos como señoras y «eso, mi amor, es la muerte».

Caracas Mortal fue una manera de aproximarse a la fiesta como revulsivo social, antes que descanso o solaz. Eran fiestas donde el *show* primordial era encontrarse con alguien atractivo física, intelectual o socialmente. Sí, un remedo del Factory de Warhol, pero sin lugar fijo. Íbamos, Edgar y los demás, a la discoteca que nos respondía el teléfono, explicábamos, dábamos nuestros nombres, sin ruborizarnos ante los Jacquelines o Uslar Pietris, y si nos daban el sí, montábamos la fiesta en dos días. Desde entonces tengo este don para llamar por teléfono: «No es una obligación venir, cariño. Son superdivertidas. Relajarse. Verse..., eso es lo importante. Conocerse. Saber quién está escribiendo qué. O follando a quién.»

Y venían. Cuando escribía *La dama de rosa* me atreví a invitar a Jeanette Rodríguez.

—Será una fiesta en homenaje a Raisa Gorbachov —le dije, la víspera del evento, una noche del 86.

—¿Y vendrá? —preguntó.

—Se enterará de nuestro amor. Seguro. No es una fiesta temática, te advierto, porque no las soporto. El homenaje a Raisa es bailar todo el *Erasure* que podamos.

—¿Dónde la harás?

—¿Dónde si no? En El Antro.

No tiene idea, amable lector, de lo que fue El Antro. Oscuro, con los monitores de los ochenta flotando sobre tu cabeza y dos cubanos, al estilo Dinio, ofreciéndote todo lo que pudieras desear. *Gin tonics,* cocaína, pequeñas y primerizas dosis de éxtasis, amigos que se besaban contigo y te encendían. Todo. Se hallaba en un centro comercial medio abandonado. En la fiesta homenaje pusieron banderas soviéticas, antes de que cayera el muro. En medio del bailoteo, con miles de personas en la puerta diciendo que eran Jackie Onassis, apareció Jeanette..., con un traje hasta el suelo, cola de metros, un sombrero de pieles y guantes. Todo en rojo y dorado.

—He venido de Anastasia —dijo.

Unas amigas de Caracas Mortal vivían con sus padres en una mansión muy años cincuenta en una de las colinas de la ciudad. Eran hermanas y organizaban fiestas con piscina, pero por la noche, que da un punto *dark* o *gothic* a la cosa. Son estas tendencias que se originaron tras el *punk* y que tuvieron fuerte impacto. Tenías que maquillarte los ojos y eso me encantaba. Iba al cine con todo el rímel y sombras negras que pudiera. A veces no me dejaban entrar, bueno, porque también vestía bermudas y todavía en esos años existía una ley que vetaba el acceso a templos y salas de espectáculos con pantalones cortos. Las hermanas Nogueira eran el no va más de las fiestas privadas, que es otro de esos términos sociales que detesto. Una fiesta jamás debería ir acompañada de otra palabra para explicarla. Una fiesta es y punto. Una fiesta sucede.

Llegabas y estaba allí toda la *caipirinha* del mundo, que bebíamos sin parar porque era dulce y muy barata de hacer, ya sabe. Una chica, que siempre me perseguía, se lanzó una noche a la piscina desnuda y nadó ante todo el mundo gritando que me amaba, que lo hacía por mí. «Ven a nadar conmigo, mi niño, mi amor». Me quedé en el salón, asustado. Reconozco que en una fiesta anterior nadé de la misma manera, desnudo, pero sin gritos ni frases, y ella estaba entre los espectadores, sus ojos sobre mí y el movimiento del agua. Pero, si no podía corresponderle, ¿para que aplaudir un *show* así? Ella salió del agua, debió de preguntar a alguien y abrió, desnuda y mojada, la puerta de la cocina. Su bofetada fue como una hilera de trompetas recibiendo a un ángel. Vi doble y sentí el eco de la violencia. Nadie la sujetó y volvió a golpearme. «Eres una serpiente, un reptil. Veneno, estás lleno de veneno.» Me golpeó en el pecho, me empujó y salió hacia la calle más o menos vestida. Arrancó un coche y lo condujo, unos metros zigzagueantes al borde de la colina, hasta estrellarse contra uno de los muros de la morgue y asustar, de muerte, a los guardias que vigilaban todas las noches.

Caracas Mortal terminó, como todos los grupos, cuando nos volvimos serios. Mi último acto fue escribir varias pintadas en la calle con ese gran nombre. Iba con mi padre a visitar a Isaac o a un estreno y nos deteníamos en los edificios donde se leía, con mi letra de psicótico, Caracas Mortal. Una clínica, la Cámara de Empresarios de Venezuela, la casa de un millonario de moda en ese entonces. Mi padre estaba satisfecho de mis hazañas.

Un día me levanté y pensé: «Necesito más *glamour*». Y era cierto, necesitaba conocer a la verdadera *jet set* de mi ciudad. La que puebla esas páginas de eventos sociales que en Venezuela ocupan todo un cuerpo de la prensa. Leía hace poco a Madonna quejarse de los desnudos de la página tres de los periódicos sensacionalistas británicos. No tienen comparación con «los sociales» de Caracas. Lo vi claro. Tenía que salir allí. Ser uno de ellos. ¿Por qué? Porque representaban el aspecto hipnotizante del *glamour*. Y, le reitero, nunca hay que retraerse ante él. Uno acabará odiándolo, criticándolo, abandonándolo, pero deja algo en nuestro interior: un nuevo orden, una nueva —como decíamos al principio— gramática.

Analice estas dos palabras, rico y millonario, y vea sus diferencias. Mientras que rico se refiere a la persona adinerada y transpira un cierto resentimiento, millonario es más… Marilyn Monroe, más *glamour*, más simpatía. A nadie le molesta que le digan millonario. Rico, sí. La búsqueda del porqué de esa diferencia generó mi acercamiento a la alta sociedad caraqueña. Quería saber no sólo en qué momento alguien pasa de rico a más rico y de ahí a millonario, sino las huellas que ese devenir deja en su rostro y, si la tiene, en su alma. Recuerde que mi guía en todo esto ha sido Capote. Él defendió con su vida que es preferible ser amigo de un millonario que volverse uno. Y mejor aún, decía, ser amigo de las esposas de los millonarios: mucho más lenguaraces, ágiles mentalmente y mordaces a morir. Eso esperaba encontrar en la *high* de mi país petrolero; una *high* con ínfulas —¿y qué *high* no las tiene?—, pero dispuesta a aceptar a quien sea con tal de que les divierta. Y si es sólo por una cena, mejor que mejor.

Este comportamiento no es más que una tradición feudal. El bufón existe y uno lo lleva incrustado en su ser. Algunos deciden explotarlo y otros no. Sabemos, usted y yo, que pertenezco a los primeros. Pero la corte nos la ofrece la vida. Y unas veces es brillante, como la de Capote, y otras, confusa, ni siquiera mediocre, alborotada, como la que conocí.

Bien. Esto es lo que vi. Siempre estaban viajando. Seguramente se movían despacio, como reza el dicho Warhol, pero jamás estaban en casa. Hablaban en inglés cuando aparecía el servicio y también cuando se desató la paranoia de las escuchas telefónicas y todo el mundo se apuntó al hecho diferencial de ser espiado. Iban de fiesta en fiesta, deteniéndose en unas semilunas formadas por ellos mismos ante los fotógrafos de las páginas sociales. Siempre decían ese «me mata verte» o el «me muero por verte» que decidieron cambiar al final de los ochenta por lo mismo pero con las vocales alargadas («Meee muuueeeroooo») cuando cada vez viajaban menos y eran menos y menos millonarios (los ingresos del petróleo disminuían y muchos temían entrar en el descarado mundo del lavado de dólares).

En ese tiempo comencé a escribir mis crónicas de sociedad, que en realidad fueron tres. Una —sobre una fiesta a la que no fui— casi me supone el exilio político. Se trataba de un almuerzo para despedir a la esposa de un banquero español. Escribí que «se bailaban sevillanas como las ven en la *Hola* (allí la revista va en femenino, aquí en masculino, un tema del que habría que hablar algún día). Por otra parte, una de las invitadas era la primera mujer de un magnate que acababa de vender la bebida chocolatada de mi infancia, el mítico Toddy, nuestro Cola-Cao. Estaba muy indignado, ya que parte de esa venta incluía el cambio de logotipo, y arremetí contra la ex esposa, llamándola traidora al Toddy. Luego, ridiculicé a otra invitada que tenía por costumbre ir vestida de Chanel, pero estación invernal, porque supuestamente vivía en una colina muy alta de la ciudad. Y, al final, sin quererlo, insinuaba que todas ellas estaban enamoradas y tenían más que palabras con el entonces ministro del Interior.

No estaba mal para mi primera columna social. La segunda fue una retractación. Terrible, doloroso, tan humillante, pero debía reconocer que nunca asistí a esa fiesta y que escribí sobre datos telefónicos. Apunté, sin embargo, que deseaba aportar sentido del humor a un grupo de personas, que por su dinero, por sus problemas de hastío climatológico, carecían de él.

Y ellas reaccionaron. Cada una de ellas me aportó conciencia de *glamour.* Y al mismo tiempo, hechizaron al izquierdista propenso al chiste fácil. Es muy, muy fácil, atacar al rico. A pesar del poder tan medieval, tan imborrable, sí se puede comentar y decir en voz alta lo que piensas de ellos, si respetas la inteligencia y, lo que los ricos valoran más, la verdad. Porque no la conocen o la han perdido de vista. Y ésa es, sin duda, la única verdad que poseen. Y agradecen, mucho, que se la señales.

Pero, ¿quién puede señalar la verdad? Al final de su libro, Diana Vreeland repasa las cosas que ha dicho en sus páginas. Que vio volar a Lindgbergh sobre el jardín de su casa; que proporcionó a Wallis Simpson las dormilonas emplumadas hasta el cuello con las que sedujo al Príncipe de Gales; que observó a Linda Christian besando a un campeón de Fórmula Uno, cuyo coche más tarde saltaba en pedazos a sólo cien metros; que Diaghilev le enseñó a bailar junto a Fokine en casa de su madre. Y, al final de este repaso, nos pregunta: «¿Cree que fue cierto? Pues siga mi receta: Si no lo es, invéntelo.»

Ahora que nos acercamos al final de esta conversación, reconozco que creo en lo mismo. Vivir no es aburrido, pero inventarse razones (cielos sobre Madrid, Barcelona, Estocolmo, nosotros mismos) es la clave de todo. Inventar e inventarse, no lo olvide, son las únicas verdades de este libro.

Hoy es la penúltima tarde de agosto en Madrid. Parece que va a llover y regresa el tráfico. Tengo el miedo del otoño, que siempre revoluciona, agita, destempla y, al mismo tiempo, te enfrenta a lo nuevo. Pienso en la frase de Flotats y continúo recordando fiestas. Mi primera Navidad en casa de los Bosé, a la que fui vestido de blanco como en un anuncio de ron. «Lino blanco», asegura siempre Lucía. Y los encontré a todos ellos, hijos, sobrinas, nietos, cuñadas, colocando muebles en la gran terraza. Miguel se había puesto una camisa a cuadros y unos pantalones blancos, como si de verdad estuviéramos en San Antonio de Texas o algo así. «Lo hemos hecho por ti, lo hemos hecho por ti», decían continuamente. Se escuchaba un trajinar de instrumentos, ollas, calores de todo tipo desde la cocina, mientras Paola me mostraba la casa y su prima Daniela alababa mi vestuario: «Por fin alguien vestido». «Si va de lino», le decían. Todo se detuvo cuando Lucía, la mamá, la actriz, la mujer, emergió desde la cocina con una inmensa fuente de raviolis humeantes. Fue nuestro primer encuentro. Quise decirle que mi padre había sido un enamorado secreto de ella, pero Lucía estaba más concentrada en repartir su sacro alimento, su hermosa manera de alimentar nuestro espíritu y nuestro amor hacia ella. Luego se sentó, me miró de arriba abajo y me preguntó por Catherinne Fullop. «Cuando vino aquí, apenas estaba vestida.» «Mamá, por favor», dijo Miguel. «Es que Sudamérica es toda exageración», continuó Lucía. «Mamá, es venezolano.» «¿Qué más da? —sentenció ella—. Aquí siempre escuchará la verdad».

Y así ha sido.

ÍNDICE ONOMÁSTICO

Impreso en Liberduplex, S. L.
Constitución, 19
08014 Barcelona